WORKING HAPPY

TXELL COSTA

WORKING HAPPY

Todo lo que necesitas
para crear la mejor empresa
del mundo: la tuya

EDICIONES INVISIBLES

Primera edición: octubre de 2015

Tuset 13 ext. 3.º 1.ª – 08006 Barcelona
invisibles@edicionesinvisibles.com
www.edicionesinvisibles.com
ISBN: 978-84-944195-2-2
Depósito legal: B 25387-2015
Diseño de la colección: Andy Nogueron
Fotocomposición: Alfa
Impresión y encuadernación: Reinbook

ÍNDICE

Abrir la empresa al mundo

ANEXOS

PRÓLOGO

¿Será esto lo de las almas gemelas de que tanto hablan? Cuando Txell me propuso escribir este prólogo, me pregunté por qué había pensado en mí, por qué era yo la afortunada. Ahora que he terminado de leer **Working happy**, tengo la respuesta. Y es que he descubierto que Txell y yo compartimos la forma de ver la vida y de encontrar soluciones para vivirla con los cinco sentidos.

En este manual, porque esto es sobre todo lo que es este libro, Txell te ofrece los mejores consejos para sacar el máximo partido a tus habilidades, a tus puntos fuertes, y te ayuda a crear tu propia empresa, aquella que te hará feliz y al mismo tiempo te permitirá conseguir dinero. Dicho así parece un chollo, pero es que lo es. Y es que la gente no acostumbra a trabajar HAPPY, pero eso no significa que tú tengas que resignarte a vivir una vida que no es la que has soñado. ¡Porque tú puedes hacer lo que te gusta y convertirlo en tu medio de vida!

A raíz de un *reality* de cocina en el que he participado, he podido darme cuenta de que cocinar es algo que, simplemente, me hace feliz y, sobre todo, me hace sentir realizada. Muy a menudo, después de haber pasado horas y horas en la cocina, me sale de dentro decirle a mi madre: «Mami, estoy hecha polvo, pero me siento tan bien que no podría tener mayor recompensa». La cocina me permite emocionarme, me motiva, me ayuda a construir ideas en el cielo (pero con los pies en la tierra), y me permite compartir esta experiencia con los que me rodean y, por qué no, sacar beneficios de lo que hago.

Y ahora puedes pensar que a veces es arriesgado tomar decisiones, porque nos podemos equivocar y acabar llevando una vida que no es la que habíamos imaginado. Pero no tienes que ponerte límites, porque sólo hay una vida y debes vivirla haciendo lo que te gusta, disfrutando a cada instante de todo lo que te aporta, en todos los ámbitos, incluso en el trabajo, sin el cual quizás no podrías disfrutar de muchos otros placeres.

Como dice Txell, debes tener mentalidad ganadora para lanzarte a la acción. Tomar perspectiva y visualizar tu vida desde una cierta distancia para conseguir ver los obstáculos mucho más pequeños de lo que son en tu cabeza (aunque tampoco debes ignorarlos). Ver los errores como aciertos, porque unas veces se gana y otras se aprende. Prescindir de la vergüenza, para que el primer NO no se convierta en una pared insalvable. Aprender a relativizar los problemas para vivir más feliz.

Me gustaría llegar a darte el mismo mensaje subliminal que transmite Txell a lo largo de su libro: lucha por lo que quieres, porque, si no lo haces tú, no lo hará nadie. En el camino para llegar a alcanzar tus sueños te encontrarás personas que te ignorarán y quizás algún desaprensivo que te hará la zancadilla, pero también te encontrarás personas (muchas más de las que esperas) que te inspirarán y que te ayudarán a conseguir tus objetivos. Txell es una de ellas. Aprovecha esta oportunidad; está literalmente en tus manos.

Andrea Vicens

CONTRATO PARA CONSEGUIR TUS SUEÑOS

Yo, Irene Ripontella **[escribe aquí tu nombre],**

con DNI 29617229 / YA1716153

y domicilio en 1 Rue Dangon - 69003 LYON

ME COMPROMETO A

Primero - Tener las ideas claras.

Segundo - Luchar por mis sueños, tanto desde el punto de vista personal como profesional.

Tercero - Quererme por encima de todo.

Cuarto - Aprender de los errores.

Quinto - Dar las gracias por todo lo que tengo y lo que vendrá, con una actitud positiva.

Sexto - Ser feliz.

La contraparte, Meritxell Costa Romea, promete ir al grano, sin academicismos, evitando los planes de empresa infinitos y aburridos.

Asimismo, SE COMPROMETE A AYUDAR AL LECTOR O LA LECTORA DE ESTE LIBRO A QUE

Primero - Se conozca mejor y descubra sus puntos fuertes, para que aquello que le gusta y que se le da bien sea su moneda de cambio.

Segundo - Pueda alinear sus objetivos personales y profesionales, para ser más feliz y vivir la vida que quiere.

Tercero - Siguiendo paso a paso el itinerario de los capítulos, pueda poner en marcha su propia empresa, humana, única y próspera.

Cuarto - Pueda integrar en su negocio las últimas tendencias del mercado, de internet y de marketing.

Y, como muestra de conformidad, las dos partes firman este contrato

en ....Lyon...,

a..18.. de ...Julio......... de 20..18...

txell costa

Nombre: Lector/a y fundador/a de la empresa

....

Irene Ripertella

TXELL COSTA
Autora

Nota: Me encantaría ver tu valentía. Hazte una fotografía durante la firma del contrato y súbela a las redes sociales con el *hashtag* #workinghappy

PARIR UNA EMPRESA DESDE EL ALMA

1. «NO HABLES CON EXTRAÑOS». ASÍ QUE ME PRESENTO...

CAJA DE HERRAMIENTAS QUE CONSEGUIRÁS EN ESTE CAPÍTULO

- *Cómo serán las empresas del futuro: humanas, flexibles, escalables, horizontales, ágiles y soñadoras-con-los-pies-en-el-suelo.*
- *Cómo te ayudan internet y la tecnología a acelerar los procesos profesionales.*
- *Por qué emprender es sinónimo de sudar la gota gorda y de tener opciones.*

Es domingo y son las dos de la tarde. Pere edita vídeos a mi lado mientras en el estudio suena música *deep focus* en el Spotify. Dicen que estos sonidos ayudan a ser más productivo, a concentrarse... ¡no perdemos nada por intentarlo!

Sobre la mesa, tazas vacías de infusiones y batidos verdes (sí, de esos que son de color criptonita, una bomba de vitaminas).

No todos los domingos son así. No es que seamos *workaholics*, no; pero hoy nos hemos levantado inspirados. En cambio, mañana lunes quizás nos pongamos a trabajar a media mañana, porque nos habremos ganado un buen almuerzo y un paseo. ¡Vete tú a saber! Lo importante es que las cosas salgan adelante, que nos sintamos realizados y que los clientes estén contentos.

De hecho, cada día es diferente. Los dos somos autónomos y nos hemos montado la vida a nuestra medida. Emprender, para nosotros, es esto: escoger cómo quieres vivir y tomar decisiones.

Si pienso en mis padres, seguro que su domingo debe de ser bastante diferente. Un vermut mientras miran la Fórmula 1, película en el sofá por la tarde... para ellos, el fin de semana es sinónimo de «no trabajar». Son/somos una generación diferente.

A veces, cuando comemos juntos, percibo que les resulta extraño nuestro ritmo de vida y que se preocupan cuando ven que cada semana, por trabajo, tenemos que viajar, dormir en hoteles... cuando a nosotros eso nos encanta. «Come bien, descansa...»; son padres sufridores, como todos, pero desde que soy autónoma todavía más. Lo que más les preocupa no es el dinero —ellos siempre me han dicho: «Aquí nunca te faltará un plato de garbanzos»—; sufren porque les da miedo que nos vaya mal.

Pero eso no va a pasar.

Hemos aprendido de nuestros padres —que nos lo han dado todo con una voluntad de sacrificio brutal— y a partir de aquí probamos nuevos modelos, construimos cómo queremos vivir.

La crisis nos ha dado permiso para reinventarnos.

(Le he dado muchas vueltas al tema antes de escribir la palabra *crisis*. Si la entiendes en el sentido de *innovar*, bien. Si eres de los que la aprovecha como excusa para quejarte de todo y echarle la culpa «al gobierno», este no es tu libro. Pienso que tenemos que aceptar las cosas que no podemos cambiar y actuar con todas nuestras fuerzas para darle caña al resto; tenemos que salir de la famosa zona de confort donde parece que todos tengamos un asiento VIP reservado desde que nacemos. Porque toda transformación empieza por uno mismo.)

Las soluciones están en nuestro interior.

Como te decía, ahora tenemos permiso para crear(nos) desde cero, lo de antes ya no funciona...

- *«Si estudias una carrera llegarás lejos.» ¡Ja, ni de coña! ¿Cuánta gente con carrera, másters, doctorados... las está pasando canutas?*
- *Los contratos indefinidos han sido sustituidos por contratos de obra o servicio (incluso dentro de las parejas). Ya no hay empleos para toda la vida, ahora el trabajo nos lo tenemos que CREAR a medida que vamos viviendo. Y con esto no quiero decir que todos hayamos nacido para ser emprendedores, pero es verdad que la gente con este talante tendrá las cosas más fáciles.*
- *Trabajar mil horas no es garantía de nada. España es el país europeo en el que más horas se trabaja. Y el país número 1 en paro. No hay que trabajar más; hay que trabajar mejor.*
- *«Mejor no mezclar amigos y familia con trabajo.» Bien, quizás no hay que mezclarlos, pero sí es cierto que hay que hacer piña, equipo, estrechar lazos. Una relación de «buenos días – ficho – son las 7 – adiós» no funciona. Las personas queremos y necesitamos cada vez más sentirnos realizados en el ámbito profesional.*

DE AUTÓNOMA POR GENERACIÓN ESPONTÁNEA A EMPRESARIA 2.0

Ya hace más de cinco años que empecé mi vida como autónoma. En aquella época, tenía trabajo fijo, cobraba un buen sueldo y estaba bien valorada. Acababa de aprobar las oposiciones para entrar a trabajar en Catalunya Ràdio cuando decidí dejarlo e irme a trabajar a un programa de nuevas tecnologías de la Administración. Parecía que detrás de cada puerta se abría otra y no me podía quejar en absoluto porque muchos de mi quinta no tenían la misma suerte.

Pero eso de tener un único trabajo no estaba hecho para mí. Siempre me acababa metiendo en mil proyectos paralelos y más o menos cada dos años cambiaba de trabajo y de piso, cosa que no era inocua: cada traslado se traducía en un megadebate con mis padres, más tozudez mía y más canas para ellos. Entonces no era consciente de ello, pero era una pequeña-aventurera-laboral. ¿Kamikaze? No. Me regía por un sexto sentido que, en estos treinta años, nunca me ha fallado. Mi madre dice que tengo una flor en el culo; yo digo que tengo un ángel de la guarda que siempre hace horas extras.

Un buen día, medio en broma, abrí una cuenta en Wordpress para crear mi propia web y compré el dominio www.txellcosta.com. Txell era como me llamaban en la radio, porque era más corto y sonoro que Meritxell, y pensé que resultaba bastante comercial. Y el *.com* parecía más *international-connecting-people*, ¡toma ya! Lo que no sabía era que con todo eso estaba protegiendo mi identidad digital para evitar que alguien que se llamara igual comprara este dominio, ni tampoco que el dominio *.com* posicionaba mucho mejor que el *.es* porque aparece más arriba en Google.

Esta web era totalmente estática y pretendía ser un portafolio virtual. Recuerdo que en la entrada, con letras enormes, decía «Bienvenido/da a mi despacho virtual». Puse muchas fotografías mías trabajando para demostrar de manera gráfica mi trayectoria y, al cabo de algunas semanas, me aventuré a incluir una carta de servicios. Hasta entonces nadie me había fichado como *freelance*, pero pensé: «¿Y por qué no?».

En una segunda fase incorporé un blog y lo fui actualizando más y más con la voluntad de fidelizar a los lectores.

Y hoy en día, esta web (con un proceso de *lifting* constante) sigue siendo el escaparate virtual de mi empresa. Una empresa que es como mi hijo pequeño, que se ha construido jugando-trabajando muchísimas horas y que no sería lo que es sin el equipo que se ha ido incorporando a ella. Ha habido años en los que han colaborado con nosotros más de 30 personas (¡que se dice rápido!).

Sin darme cuenta, he cumplido 30 tacos y ya soy *jefa* —así es como me llama medio en broma mi *assistant* por Whatsapp. *Jefa*. No me acabo de sentir cómoda con este cargo, no me siento por encima de ellos. Sí, pago los sueldos, intento que todo siga un poco mi estilo y las decisiones económicas no las delego, pero el resto de aspectos intento que avancen de una manera participativa y democrática. Sus aportaciones son tan ricas que no querría perdérmelas por nada del mundo, y con ellos todo va más deprisa, como si en lugar de ir andando fuera en limusina. Y no nos engañemos: todo es más divertido acompañado.

Porque sí, es una empresa con nombre de persona... pero eso también es una decisión estratégica consensuada entre todos. ¡Quizás, el día de mañana, nos llamaremos Treintaañeros, SL, vete tú a saber!

Esta es nuestra/vuestra historia. Una historia sobre cómo crear tu propio negocio, una muestra de cómo internet ha acelerado todos los procesos y de cómo en la vida hay pocas cosas imposibles. Si hay un tipo que se lanzó desde la estratosfera, ¿por qué nosotros no podemos triunfar y vivir de lo que nos gusta?

Porque las ideas son poderosas. Pero todavía lo es mucho más pasar a la acción.

Ojalá este libro te haga sentir menos desamparado en esta aventura.

P. D.: Por si todavía no has visto de qué pie calzo: este libro no sirve para montar una empresa, venderla y pegar un pelotazo. No va por ahí la cosa... Este libro va de cómo crear una empresa como proyecto de vida.

IDEAS CLAVE

* *Hoy en día es necesario un negocio flexible y escalable, que se adapte a las diferentes etapas vitales. Porque con 20, 30 o 40 años no somos los mismos y no queremos trabajar igual. O porque queremos hacer vacaciones y tener hijos... y si todos los ingresos dependen directamente de nosotros mismos y de las horas que trabajamos, lo tenemos crudo. En el capítulo 9 hablaremos de la importancia de delegar y de tener empresas potencialmente franquiciables (¡sí, suena complicado, pero no te asustes!). Y también flexibles para adaptarse a los cambios exteriores.*

  Fíjate en el caso de Kodak, que se ha declarado en quiebra. El otro día un artículo de la revista Forbes *les acusaba de no haberse sabido adaptar a las nuevas tecnologías y de no haber entendido que la gente ya no quería las películas convencionales, sino tarjetas SD y cables USB. ¡Hay que tener un modelo de negocio adaptable!*

* *Internet acelera el mundo y los negocios.*

  ¿Un ejemplo? Airbnb, una plataforma para alquilar casas particulares que nació en 2008 y está cambiando el sector hotelero convencional.

* *Una de las aplicaciones que más usamos en mi equipo es Whatsapp. Me resulta muy útil para repartir trabajo cuando estoy fuera —y si*

para ti es importante la privacidad, Telegram es todavía mejor—. Mi recomendación: sé fan de la agilidad y adopta todas las herramientas que te ayuden a ser más rápido. En la era de internet, gana quien llega primero.

- *¿Recuerdas que al principio de este capítulo te decía que las empresas del futuro son «soñadoras-con-los-pies-en-el-suelo»? Los emprendedores tenemos que crear, innovar, soñar... pero sin perder de vista los objetivos y el retorno de la inversión. Pragmáticos felices. Así que deja de meter dinero en los lugares donde no está tu cliente ideal e inviértelo en el banco... en el banco de la plaza, quiero decir: dedica tiempo a sentarte, a pensar y a observar las necesidades de tu alrededor antes de dar cualquier paso en la empresa.*

¿Sabes que el amor es ciego? Pues procura que no te pase igual con tu idea de negocio.

- *Según la Universidad de Oxford, el 47% de los trabajos actuales desaparecerán durante los próximos veinte años. Habrá menos puestos de trabajo convencionales, pero mucho trabajo por hacer.*
- *¿Qué ganas si eres tu propio jefe? Hay mil razones para no dar el salto. Pero no te centres en los miedos, céntrate en las cosas buenas que puedes obtener. Algunos ejemplos:*

- *Puedes crear tu estilo de vida y vivir de lo que te gusta, alineándolo con tus habilidades y talentos. Puedes crear con libertad y controlar los proyectos a los que dedicas tu tiempo (que sí, que trabajo muchas horas, pero que si un martes me sale un planazo y no quiero trabajar, lo puedo hacer, porque funcionamos sin horarios, basándonos en objetivos y cada cual desde su casa).*
- *Nadie te marcará un tope en cuanto a las ganancias. En cambio, cuando estás contratado, puedes llegar a tocar techo.*
- *Según el tipo de empresa que montes, puedes trabajar desde cualquier lugar. En mi caso, la única limitación es la conexión wifi.*
- *Montar tu propia empresa es un máster de crecimiento personal. Te obliga a hacer frente a los miedos, los bloqueos... cada día de tu vida. A ser la mejor versión de ti mismo.*
- *Te permite crear trabajos y oportunidades para otras personas. Eres un claro agente del cambio.*
- *Puedes conocer gente muy interesante y captar clientes guays (tú marcas el filtro, ya te lo enseñaré). Y les ayudarás a mejorar su vida.*
- *Tu seguridad profesional no estará en manos de otro, sino en las tuyas.*
- *Desarrollarás tu marca personal, que puede resultar inspiradora para mucha gente.*

PLAN DE ACCIÓN

* *Coge papel y lápiz o el portátil (y una copita de vino o lo que te apetezca, que estamos en familia) y, a medida que avances en los capítulos, ve trabajando en paralelo y montando tu propia empresa.*
* *No quiero que dejes pasar más tiempo. No quiero que acabes el libro y digas: «Está muy bien todo lo que dices, pero, ¿y ahora qué? ¿Por dónde empiezo? ¿Cómo lo hago?». Este manual nace para trabajar juntos, codo con codo. ¡Toca arremangarse y sudar la gota gorda!*

2. IMAGINA Y CREA EL TRABAJO DE TUS SUEÑOS

CAJA DE HERRAMIENTAS QUE CONSEGUIRÁS EN ESTE CAPÍTULO

- *Identifica tu pasión.*
- *Define tus talentos y tus fortalezas.*
- *Fíjate unos objetivos realistas que puedas marcarte en el calendario, que afianzarán tu mentalidad estratégica.*
- *Visualiza cómo quieres que sea tu futuro, tanto personal como profesional.*

Cuando tenía seis años hacía informativos en el comedor de casa, grabándome con un casete. Siempre supe que quería ser periodista. ¡Idolatraba a Iñaki Gabilondo!

Los micrófonos me volvían loca. Siendo muy pequeña, llamaba a la radio para participar en concursos, asistía a programas como público... me encantaba «respirar» el ambiente radiofónico. Me imaginaba allí, de mayor, y lo veía con tanta claridad que nunca dudé de que llegaría a conseguirlo.

La posibilidad de equivocarme no existía, porque mi objetivo era aprender y ampliar mi experiencia.

Eso mismo es lo me gustaría transmitir a mis hijos. Que las gomas de borrar no son sinónimo de error, que tienen permiso para pintar y salirse de la raya, que todo lo que hagan estará bien porque de todo se aprende. «Las manchas enseñan a vivir», dice un anuncio de detergente. ¡Pues eso!

Creo que lo que en inglés denominan el *mindset* (la mentalidad) ha sido la clave de todo. Si la suerte no existe, ese debe de haber sido el toque de gloria. Siempre he tenido las ideas claras: me sentía cómoda entre libretas y bolígrafos y se me hacía un nudo en el estómago cuando veía números y calculadoras; supe que me encantaba subirme a un escenario desde que era sólo una cría y que hacer exámenes me horripilaba de una manera bárbara, porque yo nunca he sido de las que estudian.

Es muy importante que compruebes cómo reacciona tu cuerpo ante las diferentes situaciones de la vida. ¿Quién o qué te pone de los nervios, te provoca un nudo en el estómago o en la garganta? Escoge las cosas que te hagan sentir cómodo, que te realicen, que te llenen. No pienses sólo con la cabeza.

Así pues, creo que esta claridad mental ha sido básica. Siempre he sabido a dónde quería llegar y todo se ponía mágicamente en orden para conseguirlo, sin que nada me despistara («Que los árboles no te impidan ver el bosque», dicen los sabios).

Y no es una teoría mía, no. La Universidad de Yale ha corroborado la necesidad de tener unos objetivos. A través de un estudio, detectaron que sólo el 3 % de los alumnos sabía qué quería conseguir en la vida; años después, este 3 % era el que había logrado el éxito más rápidamente.

Las personas de éxito saben lo que quieren y saben explicarlo de una manera precisa. Saben quiénes son, qué hacen y te hacen creer en ellos, te enamoran.

En definitiva, hay que tener un plan para no andar sin rumbo y para poder tomar decisiones más rápidamente (¡hoy en día la rapidez es fundamental!). Así pues, antes de emprender cualquier proyecto, pon orden (igual que cuando hacemos la lista de la compra antes de ir al súper).

PRIMER PASO:
DESCUBRE TU «PORQUÉ» VITAL

(AQUELLO QUE TE ENCANTA, QUE QUIERES COMPARTIR, QUE QUERRÍAS QUE FUERA TU LEGADO)

¿CÓMO ENCONTRAR TU PASIÓN?
SI TE HAS PERDIDO, HAZTE ESTE AUTOTEST

* *¿A qué dedicas el tiempo libre? ¿Qué* hobbies *tienes?*
* *Si fueras una persona rica y no necesitaras ganar dinero, ¿a qué dedicarías el tiempo?*
* *¿En qué eres bueno o buena? (Si te cuesta identificarlo, habla con la gente de tu entorno.)*
* *¿Quién o qué te inspira? ¿Por qué?*
* *¿Cómo te gustaría ser y verte dentro de tres años? ¿Y dentro de cinco? (¡Anticiparse es clave en el emprendimiento!)*
* *¿Por qué quieres emprender?*
* *¿Hasta dónde estás dispuesto a llegar?*

ALINEA TU TRABAJO CON TU PASIÓN

Razones por las cuales hace falta que identifiques RIGHT NOW tu pasión:

* *Tienes que poderte dedicar a un trabajo que apoye tu proyecto de vida: tener hijos, vivir cerca del mar, tener libertad... A tu aire, seguro que puedes hacer una lista de* must*, de cosas sagradas a las cuales no quieres ni puedes renunciar para ser feliz. Y tener estos límites es básico: denota personalidad, opinión, y evitarás que tu negocio entre en terrenos peligrosos o incómodos para ti.*
* *Tienes que conocerte muy bien para saber en qué eres bueno o buena y alinear tus objetivos profesionales con este conocimiento. Porque si te centras en cosas en las que no eres muy bueno, nunca conseguirás destacar y sentirás frustración.*
* *Sin pasión, sin deseo, no hay energía ni acción. Tienes que poderte dedicar a aquello que te gusta para levantarte cada día con ganas de «¡vamos allá!». Y para que, si alguna vez las cosas se tuercen, seas capaz de reinventarte y de cogerte fuerte al timón. O para que te apetezca formarte para estar siempre al día. Vamos, que tu trabajo tiene que ser como tu canción preferida, aquella que no te cansas nunca de escuchar y que siempre te carga las pilas.*
* *La pasión no caduca, no está ligada a modas, porque es tu verdad, aquello para lo que has nacido. Descubrirla hará que todo fluya.*

Tienes que creer en tu misión, convivir con ella y defenderla contra viento y marea.

* *Trabajar de lo que te gusta es un contrato de amor eterno contigo mismo. Porque lucharás por unos objetivos «100 % tú», que realmente sentirás y que no serán fruto de las presiones sociales y del «porque toca». Nada será forzado y no te agotarás luchando contra tu propia naturaleza. En caso de que te consideres una persona ambiciosa, estarás «abrazando» esa fuerza.*

Me sacan de quicio las proyecciones que hacen muchos padres sobre sus hijos: fijan unos estándares imposibles y, claro, los chavales nunca están a la altura de sus expectativas fantasiosas. Y se sienten oprimidos, sin capacidad para tomar sus propias decisiones.

O la actitud de algunos gurús, que te hacen sentir que no sabes lo bastante o que ellos están por encima de ti. «5 consejos para forrarte con una tienda *online* y triunfar como yo». ¡Anda ya! ¡Yo no quiero que seas como nadie más, quiero que seas TÚ! No te harás de oro, pero espero que este libro te ayude a ganarte la vida dignamente y trabajando de lo que te gusta.

Por ese motivo, cuando me preguntan si tengo algún ídolo, siempre respondo que no, que no tengo ídolos, sino personas que me inspiran. Porque tener ídolos es como otorgar el poder a otro, afirmando —inconscientemente— que «esta persona tiene algo que yo no tengo y que me gustaría tener». La mayoría de las veces, cuando proyectamos en otra persona una cualidad, estamos produciendo un efecto espejo: nosotros ya tenemos esa virtud, pero no nos damos cuenta de ello.

La mayoría de nosotros tiene dos vidas: la vida que vivimos y la vida que querríamos vivir. ¿Por qué?

Nuestro objetivo en la vida no es convertirnos en aquello que habíamos imaginado, sino descubrir quiénes somos realmente y realizarnos en eso. Hay que darse cuenta de ese detalle y ponerse en marcha.

Si trabajas en algo en lo que eres bueno, aportarás valor a la sociedad. No venderás humo, ni serás un florero.

Cuando encamines tu pasión, te sentirás una persona realizada, libre y comprometida contigo mismo.

PLAN DE ACCIÓN

* *Pon por escrito todo lo que te ronde por la cabeza: tus puntos fuertes, las cosas a las que no quieres renunciar... Un diagrama como el que tienes a continuación te puede resultar útil para poner en orden las ideas.*

TU VISIÓN

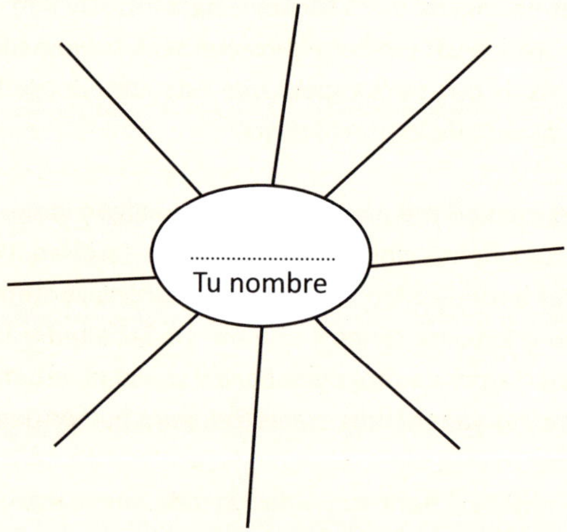

SEGUNDO PASO: COGE TODOS ESTOS INGREDIENTES DE TU INTERIOR Y MIRA EL MUNDO QUE TE RODEA PARA LIGAR OFERTA Y DEMANDA

Para emprender hace falta valentía y medir bien los riesgos.

A partir de las cosas que te encantan y en las que eres bueno tienes que desarrollar un trabajo que cumpla dos requisitos:

- *que una masa crítica de gente lo necesite (una masa, no sólo cuatro gatos),*
- *y que la gente esté dispuesta a pagar por ello, porque, si no, será muy complicado que resulte un negocio rentable.*

No es una cosa fácil, porque necesidad y deseo no siempre van de la mano (por ejemplo, la típica amiga que es evidente que tendría que ir al psicólogo porque tiene un problema, pero se niega a dar el paso). Además, **hace falta que tu pasión se monetice.** Porque en este país no te forras trabajando –a menos que seas futbolista–, pero te tienes que poder ganar la vida dignamente, sin sufrir.

(Fíjate que hasta ahora no te he hablado de dinero. Porque creo que los buenos proyectos nacen desde el corazón, no desde el bolsillo, y con una voluntad de servicio real. Y porque dar demasiada importancia al dinero nos puede despistar y hacer perder la esencia. Encuentra el punto intermedio: vocación + rentabilidad.)

Necesitas, pues, algo más que una simple idea: llámale plan de negocio, *canvas* (*Business Model Canvas*) o, simplemente, *show me the money*.

Dedícate a un trabajo que te apasione + en el que destaques + que genere dinero. Y recuerda que tienes todas las de ganar, porque estamos viviendo en un nuevo paradigma económico: la economía creativa. Los intangibles —como la creatividad bien encarrilada— generan dinero una vez procesados.

Te explico mi caso real para que veas cómo podemos crear el trabajo de nuestros sueños.

Estudié periodismo porque me encanta comunicar. Pero ahora mismo hay sobreoferta de periodistas y, en cambio, casi no hay demanda, porque muchos medios de comunicación han cerrado.

Por tanto, la nueva realidad determinó que abriera miras y buscara otras opciones. Me puse en la piel de la gente y tomé perspectiva para reenfocarlo. Es como cuando compras un regalo: ¡le tiene que gustar a la persona que lo recibe, no a ti!

¿Qué **necesita** *la sociedad? Uno de los principales problemas, obviamente, es la situación económica actual. Por eso la gente necesita encontrar trabajo, mejorar en su carrera, vender más...*

¿Qué les puedo aportar yo como periodista?

Pues puedo ayudarles a comunicarse mejor a la hora de hablar en las entrevistas de trabajo, a redactar su currículum, a desarrollar un mensaje que convenza a la gente de recursos humanos y destaque sus puntos fuertes... O puedo ayudar a los establecimientos a hacer una publicidad más llamativa o a redactar textos para que sus webs vendan más, entre muchas otras acciones.

¿La gente **está dispuesta a pagar** *por un servicio así?*

¡Pues claro! Porque les estoy ayudando a cubrir una necesidad básica con resultados casi inmediatos. La gente da valor a mis servicios y a los conocimientos que les aporto.

¿Ves cómo le he dado la vuelta a mis habilidades para poder aportar al mundo lo que sé hacer, que es comunicar?

Veeeenga, más ejemplos para acabar de convencerte. Busca en Google un blog que se llama The Sartorialist. ¡Este chico ha conseguido hacer de la moda de la calle (el street style*) un modelo de negocio!*

Ahora te toca a ti. Sé que lo harás estupendo. Tienes los ingredientes, sólo te falta encontrar la mejor receta.

PLAN DE ACCIÓN

* **Tienes que detectar el problema o la necesidad que tiene tu cliente.** *Puedes hacer encuestas,* focus groups... *para averiguarlo. Sea como sea, debe ser una escucha muy activa.*

Mira el caso de Zara, vende justo lo que los clientes quieren:

- *No fabrica con antelación, sino en función de la demanda de la temporada.*
- *Cada colección es diferente para cada ciudad del mundo.*
- *Crea pocas unidades de cada modelo:*
  - *Para no pillarse los dedos si no gusta.*
  - *Para conseguir que vayamos a las tiendas más a menudo para ver qué hay de nuevo y gastemos.*

✱ **A partir de aquí, prepara la solución que ofrecerás a tus clientes.**

Mi consejo es que no tengas una gran diversidad de productos o servicios para que el cliente no se pierda. ¿Verdad que resulta más fácil escoger entre tres bombones que entre diez? Pues lo mismo pasa con tu oferta: tiene que ser concreta y que te salga a cuenta.

✱ **Sé valiente, escoge sólo los productos que realmente sean rentables.**

Unilever tenía muchísimas marcas. Así que se basó en la ley de Pareto para descifrar cuál era el 20 % de marcas que le reportaban más beneficios (Maizena, Mimosín, Tulipán...) y descartó o fusionó el 80 % restante.

TERCER PASO:
TRAZA UN MAPA, UNA RUTA, UN PLAN

Ahora que ya tienes las cosas claras es el momento de buscar los caminos para alcanzarlas, de definir el paso a paso para conseguir aquello que te has propuesto.

Fíjate objetivos realistas y medibles: que todo lo que hagas se pueda cuantificar.

Si, por ejemplo, me propongo «adelgazar», no lo conseguiré nunca porque no encontraré el momento de ponerme manos a la obra; en cambio, si digo «quiero adelgazar 6 kilos en medio año» será una meta asumible que podré seguir en la agenda, integrar en mi rutina (los lunes y los jueves gimnasio, los viernes paseo con las amigas, apuntarme a aquel curso de cocina saludable...) y tendré un indicador claro de si voy por buen camino.

Y, a partir de aquí, **divide los objetivos en pequeños pasos** para que resulten más factibles de conseguir, de forma que mantengas la motivación gracias a estos miniéxitos. En palabras más técnicas: cada táctica, descomponla en acciones estratégicas.

Tener un plan es poner los sueños en movimiento.

Cualquier gran caminata empieza por un primer paso.

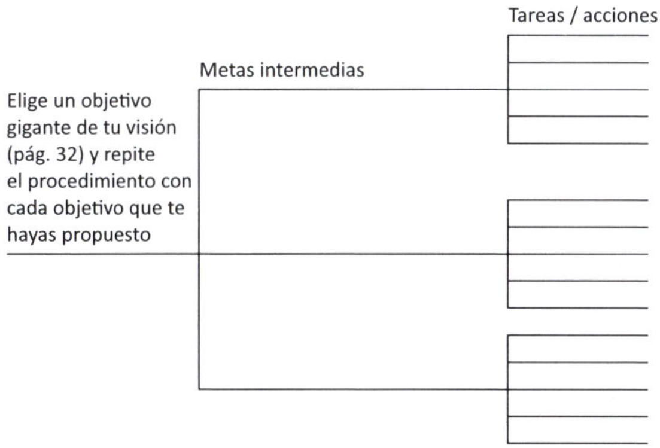

El éxito pasa por soñar y hacer.

Y no, tener un plan no encorseta, porque es una herramienta viva y flexible que va evolucionando contigo. Simplemente, te sirve de guía para que no te sientas perdido. Planifica, pero de manera realista, lejos de informes imposibles tipo pitonisa. Planifica para evitar que el entusiasmo te haga perder la visión de las prioridades.

¿Ves como así no se ven las cosas tan enormes y da menos pereza pasar a la acción e implementar nuestro plan?

El mundo y el ritmo de hoy requieren gente práctica y solucionadora, gente pim-pam.

IDEAS CLAVE

- *Encuentra tu gran «porqué». Todo el mundo tiene algo importante que hacer y una visión única. ¿Qué pasaría si tu cantante o actor preferidos hubieran dicho: «bah, si soy del montón » o «ya está todo inventado»?*
- *Comprométete con tu propósito. Porque vivir de lo que te gusta no se consigue en un plis y hace falta mucha constancia. Pero, cuando lo consigas, te sentirás en plenitud, feliz, al igual que la gente a quien puedas ayudar. Cada día podrás trabajar de lo que te gusta, sin jefes, como y donde quieras.*
- *¿Qué pasa cuando lo que te gusta no es exactamente una profesión? Pues... ¡no pasa nada! ¡Créala! Yo tampoco conocía a ningún periodista que se dedicara a dar conferencias y a hablar de emprendimiento...*

¡y aquí estoy! Tan solo se trata de darle forma, si ves que el mercado tiene esa necesidad (yo he probado de todo: hago consultas vía Skype, años atrás vendía abonos como los del metro para que los clientes me pudieran hacer preguntas por Whatsapp...).

* *Tienes que montar un negocio que solucione problemas emocionales, económicos... vamos, las necesidades de un sector importante de la población. Construye tu estrategia alrededor de ese problema que tú resuelves mejor que nadie y que les dará grandes resultados. Y si además formas parte de ese nicho de mercado, mejor, porque sabrás exactamente cómo vive.*

Yo, por ejemplo, soy prácticamente vegetariana (a pesar de que evito este tipo de etiqueta siempre que puedo) y soy la community manager *de una revista de comida saludable. Sé lo que buscan los consumidores como yo, que dan mucha importancia a la alimentación (sé que el precio de la quinoa se ha puesto por las nubes, que cuesta mucho encontrar col rizada o* kale, *etc.) y esto hace que mi trabajo sea mucho más fácil.*

PLAN DE ACCIÓN

* *Puedes materializar este mapa profesional gráficamente. Es lo que se llama un mapa del tesoro, con una fotografía tuya en el centro y con imágenes y textos alrededor que describan los objetivos que quieres conseguir durante un año en cada ámbito de la vida: trabajo, salud, familia...*

* *También puedes elaborar lo que los americanos denominan un* inspirational board*: imágenes y reflexiones en un corcho pegado a la pared, para que cada día recuerdes cómo quieres vivir, para recordar que puedes con todo y que llegarás donde tú quieras.*
* *Si eres más de letras, puedes escribir semanalmente una especie de diario en donde vayas concretando objetivos. También puedes escribir afirmaciones que definan tu objetivo como si ya lo hubieras conseguido. Por ejemplo: yo (tu nombre) compongo la música que me gusta, encuentro mi lugar dentro del mercado musical, tengo lo que necesito y me siento bien.*
* *Un ejercicio muy útil es visualizar cómo te sentirás cuando consigas aquello que te has propuesto. Con quién estarás, qué música sonará, a qué olerá... Intenta vivirlo con el mayor detalle posible y repite esta visualización cada día (puedes poner una alarma en el móvil que te lo recuerde).*

3. LA MENTALIDAD GANADORA

CAJA DE HERRAMIENTAS QUE CONSEGUIRÁS EN ESTE CAPÍTULO

- *Cómo construir una mentalidad ganadora.*
- *Cómo identificar los frenos mentales.*
- *Kit de emergencia en caso de bajón o desmotivación.*

Durante estos años he trabajado con más de 100 empresas y 1.000 alumnos. Y he comprobado que, por mucho que tengan un superplán de acción, si no se creen que son buenos y tienen una actitud abierta y positiva, no triunfan. Y no queremos que te pase lo mismo, ¿verdad?

Ikea amuebla tu vida. Tú amueblas tu cabeza. Y si no la tienes muy bien amueblada, por muchos planes que tengas, no conseguirás nada de nada.

Dicen que la mente crea nuestra realidad. Suena etéreo, pero es realmente así. Científicamente demostrado: **tenemos 60.000 pensamientos diarios, la mayoría de los cuales se repiten regularmente.** Si reiteras ideas negativas, refuerzas una actitud negativa. Así, ¿se puede ser feliz? ¡Haz limpieza mental!

La mente funciona como cuando hacemos las maletas para un viaje: «Por si acaso cojo esto, y también aquello...» y acabamos cargados hasta las cejas por miedo. Así que no acarrees ideas destructivas, ni prejuicios (cada persona libra su propia batalla), ni rencor (el resentimiento nos intoxica y nos hace sentir víctimas, una manera de autoagredirnos pasivamente), porque, si no, tu maleta emocional pesará demasiado.

Tú escoges lo que piensas, tú escoges cómo quieres vivir.

Los pensamientos no son tu personalidad. Deja pasar los negativos, no les des más importancia de la que tienen, y quédate con los que suman.

Cuando cambias este chip, te das cuenta de que ser feliz no cuesta tanto. Y que no hace falta posponer la felicidad («seré feliz cuando me case», «seré feliz cuando gane dos mil euros al mes»...). La vida es ahora: decide ser feliz en este momento, incluso aunque no sea una época demasiado buena, porque de todo se aprende, y lo que vives ahora es el paso previo para llegar allá adonde quieres llegar.

La felicidad es un derecho de nacimiento, es nuestro estado natural.

¿POR QUÉ ES BUENO PARA TU FUTURO PROFESIONAL TENER UNA ACTITUD POSITIVA?

Todos nuestros referentes, la gente que admiramos, tienen una cosa en común: una actitud positiva ante la vida. Esto enamora, genera empatía... Pero también hay razones mucho más prácticas para desear tener una actitud positiva:

1. **Los trabajadores felices sufren menos enfermedades** porque su sistema inmunitario funciona mejor. Y, por lo tanto, cogen menos bajas.
2. **El cerebro funciona mejor cuando se es feliz**. Y las respuestas son más rápidas.
3. **Los trabajadores felices tienen menos estrés y saben conciliar mejor carrera y familia.**

4. **Son más productivos porque están concentrados** —¡disfrutan de lo que hacen!— **y están más implicados y motivados** —no les importa salir cinco minutos más tarde o responder con rapidez a las demandas de los clientes, por ejemplo.

Sencillamente, la felicidad genera dividendos.

5. **Las empresas felices son un polo de atracción de talento:** mejores trabajadores y más capacitados.
6. **La felicidad aumenta la sociabilidad:** mejoran los contactos, el *networking*, las relaciones públicas...
7. **Con este buen ambiente laboral los equipos se consolidan,** cosa que se traduce en menor rotación de personal, fidelización de los clientes, reducción de los costes de procesos de selección y contratación, etc. Además, un trabajador feliz «siente los colores» de la empresa: está comprometido, se la cree y se siente orgulloso de formar parte de ella.
8. En consecuencia, **mejora la atención al cliente:** el trabajador es la cara visible y, cuando habla de los productos y servicios, genera confianza, porque está orgulloso de ellos y se siente parte implicada en el proceso de venta. Además, siempre te llevas un mejor recuerdo de quien te atiende con una sonrisa.
9. **Las empresas felices tienen clientes felices,** porque los atraen con su filosofía. Y eso genera menos reclamaciones y quejas.
10. **Un trabajador feliz confía en lo que hace.** Y eso le lleva a **innovar y crear,** mejorando continuamente los productos, los servicios y los sistemas de producción interna.

¿Recuerdas la historia de Pedro y el lobo? Dijo tantas veces «que viene el lobo, que viene el lobo», que, cuando el lobo vino de verdad, nadie le creyó. Con el marketing y las ventas pasa lo mismo: hay que destacar y aportar cosas nuevas una y otra vez, innovando constantemente. Si no, sólo llamarás la atención la primera vez y al cabo de un tiempo la gente ya no te hará ni caso.

¡Piensa en el ciclo de vida del producto/servicio para evitar que muera en la etapa de madurez!

11. **Los profesionales positivos están más predispuestos al cambio,** sin protestas ni objeciones.
12. **Un trabajador feliz tiene una vida más plena.** El trabajo es un baremo muy importante a la hora de evaluar nuestra calidad de vida. Si estamos bien, aspectos como el aburrimiento durante la jornada laboral, la frustración... desaparecen. Y, cuando llegamos a casa, estamos a punto para continuar disfrutando de la familia y de los amigos.

12 INGREDIENTES PARA TENER UNA MENTALIDAD DE CAMPEÓN Y COMERTE EL MUNDO

Seguro que los tienes en tu despensa, sólo hace falta que los busques. Hacen que seas la mejor versión de ti mismo y te ayudan a construir un negocio más consciente y humano.

Pasión + Confianza + Voluntad + Decisiones = Éxito

1. **Cultiva una autoestima a prueba de bomba.** «No lo puedo hacer», «no me lo merezco», «tengo que ser perfecto», «no me puedo equivocar», «no soy lo bastante bueno», «nadie me quiere»... Eso es mierda, mierda y más mierda mental. Si no te quieres ni crees en ti mismo... ¿por qué deberían hacerlo los demás?

   Este es el mejor consejo que te puedo dar para los negocios: **la fortaleza está dentro de ti. No en nada, ni en nadie.** Si no eres autosuficiente (cosa que no está reñida con saber pedir ayuda), siempre te sentirás como una víctima porque dependerás de la gente, y puedes llegar a desarrollar estrategias mentales muy chungas para mantener a los demás como rehenes.

   La autoestima también mejora tus relaciones: cuando tienes una buena relación contigo mismo, el resto de relaciones son un plus, no una obligación.

Antes de enamorarte de tu empresa o de otra persona... te tienes que enamorar de ti mismo.

Y esto te ayuda a priorizar: nada de «tengo que hacer»... ¡Escoge de forma activa! ¡Si quieres prosperar en tu carretera profesional, te toca practicar y convertirte en *cheerleader* de ti mismo!

¿Querer es poder? No. CREER es poder. Ten fe en ti mismo (¡y pasa a la acción!).

Pepe es un amigo mío de toda la vida, casi un padre para mí. Hace años, tuvo un accidente de coche del que se salvó de milagro y estuvo en coma durante meses. El pronóstico no era bueno.

Hace un mes, quedamos con él para comer. Mientras caminábamos juntos por el porche, con su paso como de soldado, me dijo: «¿Sabes que estoy reaprendiendo a leer y a escribir?».

No te olvides de que lo podemos hacer casi todo. Podemos cambiar nuestros pensamientos. Empezar de nuevo. Cambiar el destino. Pepe, una persona como tú y como yo, lo ha hecho. Nunca es demasiado tarde. No hay límites. Nunca somos demasiado mayores ni demasiado pequeños para hacer algo.

HERRAMIENTAS PARA MEJORAR LA AUTOESTIMA

- *Fíjate objetivos realistas.*
- *Haz limpieza mental: cada vez que tengas un pensamiento negativo, sustitúyelo por uno positivo, energizante.*
- *Aprende a decir «no». Fuera el síndrome del niño bueno o la niña buena.*
- *No dejes que te influya la opinión de los demás; escucha tu vocecita interior.*

* *Identifica lo que te hace bajar la autoestima y podrás gestionar mejor tu respuesta, sin impulsividad y sin sobredimensionar las cosas. En el momento en que elegimos de una manera activa nuestra reacción, estamos luchando contra nuestros miedos.*
* *Recuerda que eres con quien compartirás más tiempo en esta vida: si pretendes ser otra persona, te perderás a ti mismo. Deja de compararte. ¿Verdad que no quieres ser un clon de otra persona, como las hamburguesas de McDonald's, que parecen todas iguales? Que tengas personas que sean para ti una inspiración, ok; que los quieras imitar, ni en coña.*
* *Eres genial tal y como eres. ¡La perfección no existe!*

Recuerdo, ya hace años, que los domingos eran el día más fatídico de la semana, cuando toda yo me convertía en un nudo, una sensación de resaca y nostalgia que se alargaba hasta el anochecer. Después de la fiesta, volvía el silencio. Y me sentía sola, fuera de lugar, alejada de la multitud. Como si, de repente, todo fuera mal, como si yo llegara tarde y todos los demás fueran delante de mí consiguiendo lo que se proponían. Como si fuera a remolque. Y luchaba para sentirme integrada, para ser una más.

¿Has tenido alguna vez esta sensación?

Lo que ocurría era que no me aceptaba, que no aceptaba mi ritmo, mi propia singularidad. Intentaba «encajar» para encontrar una seguridad psicológica, buscándole sentido en todo.

Please, please, please, *si tienes esta sensación haz algo para cambiarla, porque te aseguro que hay otra manera de vivir, plena y satisfactoria, sin domingos tristes ni bajones como de montaña rusa. Cuando estás bien contigo mismo es como tener la sensación de volver a casa y descansar cómodamente bajo una manta tomando un caldo caliente, siendo capaz de enamorarte de todo porque todo tiene su parte positiva y aceptando que tienes que abandonar esta necesidad de controlarlo todo.*

Tú no eres un Iphone. Tú no tienes una «configuración por defecto». Crea tu propia configuración.

2. **Si no te cuidas, no podrás dar lo mejor de ti a los demás.** Es como cuando vas en avión y te dicen: «En caso de despresurización, póngase la mascarilla de oxígeno primero antes de ayudar a los demás». Así que invierte en el valor más seguro de la bolsa, que eres tú. Mímate, quiérete y perdónate. Resérvate tiempo.

Si eres mujer, esta lección es todavía mucho más importante. Verás: nuestras madres, abuelas... son supersacrificadas. Lo dan todo por los demás. Una generosidad ilimitada que, a menudo, les lleva a olvidarse de sí mismas. Rompe con este patrón. No es egoísmo, es autoestima.

Cuanto más me quiero, más capaz soy de aportar valor al mundo.

3. **Supera los «frenos mentales»:** miedos, autosabotajes («pero, ¿quién me he creído que soy?», «me faltan estudios y títulos»)... ¡Queremos ser líderes en nuestro ámbito, no esclavos de nuestra mente!

Detrás de los problemas se esconden miedos que nos cuesta reconocer. Los miedos se crean, son monstruos que generamos nosotros mismos y que esconden, codificada, alguna cosa: miedo al fracaso, miedo a morir de éxito, miedo a hacer el ridículo, miedo a no sentirse aceptado, miedo a mostrar emociones... Enfréntate a ellos cara a cara, como un *ninja*, no dejes que te dominen. Reconoce tu valor, como un valiente, no a medias tintas.

Antes de conquistar el mundo, tienes que conquistar tu mente. Antes de construir una carrera profesional, te tienes que construir a ti mismo.

Deja de ponerte excusas para no hacer las cosas, de hacer listas de pros y contras... Si piensas que no tienes tiempo o que ahora no es el momento adecuado... Felicidades: ¡eres humano! (Esta misma reflexión se la hace el 99 % de la población antes de salir de la zona de confort.) ¡Abandona estos pensamientos y coge la sartén por el mango! Y tampoco cuela decir que no tienes pasta para empezar un negocio: ¿cuánta gente ha empezado tan sólo con un ordenador, un teléfono, conexión a internet y grandes dosis de creatividad? En los negocios —y también en el maquillaje— menos es más.

No retrases la venta, no esperes dos años para lanzar la web porque quieres que todo esté perfecto... Las empresas son una herramienta viva, que evoluciona. Y cuanto antes salgas al mercado, mejor: podrás testear tu producto, comprobar si le gusta a la gente y tendrás la oportunidad de mejorarlo. Además, podrás segmentar entre públicos diferentes según las fases:

- *Primero los* techies, *aquellos a los que les encanta probar las últimas tecnologías y cosas nuevas. Son los que te harán de filtro, de barrera (*gatekeeping*), para ver si una cosa funciona. Representan un 2,5 % de la población.*
- *Durante esta fase de lanzamiento, podrás captar a los* early adopters, *que son los consumidores visionarios que dan valor a tu producto. Captar a este tipo de público disminuye la incertidumbre de tu modelo de negocio. Representan el 13,5 % de los compradores.*
- *A continuación te encontrarás con una mayoría bastante avanzada (34 %). No lideran pero están bastante a la última. Son pragmáticos.*
- *También está la mayoría más tardía, otro 34 %. A ellos llegarás cuándo el producto ya esté consolidado; son los conservadores que dicen: «A ver, espera, espera».*

- *Finalmente están los rezagados, un 16 % que hasta ahora había dicho «de ninguna manera»: quizás tenían resistencias por razones de pasta y querían comprobar que el producto/servicio era bueno de verdad.*

Fíjate que incluso hay lanzamientos rápidos de productos y servicios. Se llama scrum marketing*: si falla, a otra cosa, mariposa; si funciona, continúa invirtiendo.*

Piensa que esto de los miedos es una carrera de fondo y siempre surgen otros nuevos, según cada momento vital. Tómatelo con filosofía. Es como pelar una cebolla: vamos retirando capas y capas para continuar creciendo como personas.

En la vida tenemos que ser fieles a nuestros sueños, no a nuestros miedos.

4. **No le des demasiadas vueltas a las cosas.** Vivir implica escoger y tomar decisiones y, a veces, arriesgar. Los que quieren llegar lejos, los que quieren dejar de ser *amateurs*, se la juegan. ¡El que no se arriesga, no gana! O, como decía Einstein, «si siempre haces lo mismo, nunca conseguirás resultados diferentes». Fíjate que, a menudo, no triunfa el más inteligente, sino el más atrevido.

Mentalidad de ganador es, también, mentalidad de buen perdedor.

5. **La fuerza de voluntad es el engranaje de nuestros sueños.** Queremos vivir de aquello que nos gusta y eso requiere disciplina.

   La perseverancia es mil veces mejor que la inteligencia. Yo no me considero una persona con un coco privilegiado —de hecho, sudaba la gota gorda para aprobar las asignaturas teóricas de la carrera, como por ejemplo historia o economía—, pero tengo una voluntad de hierro.

6. **Conserva la imaginación de cuando eras un niño.** Es la vitamina de la innovación y la creatividad, b-á-s-i-c-a-s para los emprendedores. Los líderes no sólo consumen: *crean*.

Déjame que haga un *kit kat* para hablarte más de innovación.

Una idea es sólo el principio de la innovación. Hay que añadirle valor. **Primero aporta un plus, después vende.** Y la innovación puede tener diferentes orígenes:

- Puede ser una demanda de la sociedad, lo que se llama *innovation pull*.
- Puede ser una necesidad creada por la misma marca, *innovation push*, como ha hecho Apple evangelizándonos sobre las necesidades de consumir su tecnología. Aquí vemos que la difusión es básica para que la idea sea aceptada.
- O puede ser una *innovación frugal*: hacer más con menos. Podemos innovar variando el producto o combinando productos ya existentes (así nacieron los cibercafés).

¿Bloqueado? Hablemos de creatividad...

Muchos artistas dicen que, cuando están poco inspirados, se dan permiso para jugar y sentirse en libertad. Hacen las cosas de una manera diferente a como las hacen habitualmente. Hacen brainstorming *y unen ideas, aunque, a priori, les parezcan surrealistas.*

Para mí es fundamental consumir constantemente cosas que me inspiren (museos, pelis, fotografía...). Es lo que me hace think out of the box. *Y usar la cabeza: es como ir al gimnasio, tienes que estar en forma; si no, te oxidas.*

7. **Sigue tu intuición.** Esa vocecita interior que todos tenemos es la mejor brújula: síguela. A veces incluso hay «casualidades», sincronías o tenemos sueños que nos pueden dar pistas. Estate abierto y atento a estos momentos.

8. **«Hecho es mejor que perfecto»,** le repito siempre a mi equipo. Que la perfección no te frene.

Y sé que este consejo no es nada fácil. Quizás has mamado el perfeccionismo desde pequeño con los típicos padres que, en lugar de felicitarte por todos los sobresalientes que habías sacado y que te ayudarían años después a crecer y crecer como persona, se fijaban en la única asignatura en la que habías conseguido un aprobado justito.

9. **No hay ni bueno ni malo, ni bien ni mal.** El punto cero eres tú, deja de compararte. Porque, a menudo, esto desencadena envidia. ¡Y la vida no es una competición, *baby*!

No tengas ídolos. Sé tu propio ídolo.

La envidia surge cuando vemos en otra persona lo que nosotros querríamos conseguir. En lugar de pensar «¿por qué yo no tengo esto?»...

- Identifica cuáles son los aspectos que te hacen sentir frustrado y ponles remedio. Céntrate en tu camino y confía en ti. Vive tu vida, no la de otro.
- ¡Alégrate por él o ella! El hecho de que esa persona tenga lo que tú quieres es una prueba de que es posible conseguirlo. ¡Tú también lo puedes tener!

10. **Lo que determina nuestra vida no es lo que nos pasa, sino cómo reaccionamos ante ello.**
    - No pierdas tu centro, intenta estar equilibrado. Como cañas de bambú flexibles ante el viento (¡ohhhh, que poético!). En palabras de la calle: por muchas cosas *chungas* que pasen a tu alrededor, si tú estás fuerte, no te tumbarán.
    - Ten una actitud positiva. ¡Es gratis! Recuerda que quieres emprender y contagiar a la gente tu pasión, no ser un zombi.

11. **Sé agradecido con las personas que te rodean y con las oportunidades.** Porque, cuando hay agradecimiento, el ego se va y te vuelves más comprensivo. Y porque la vida, a la larga, lo devuelve todo.

12. **Recuerda que el error mola.** Este tema daría para una tesis doctoral, pero, a grandes rasgos, destacaría que:

    - *El error es relativo.* Me explico: si nos equivocamos es porque estamos intentando mejorar, es el resultado del ensayo-error. Y el error siempre nos enseña algo, ¿no? Entonces... ¿de verdad existen los errores? De hecho, ¡creo que tendrían que constar como un mérito en el currículum!

- *Equivocarse es un derecho —y me atrevería a decir que una obligación—.* Cuanto antes te equivoques, más deprisa aprenderás. ¡No lo dejes para mañana!

- *El error es generoso*: nos enseña estrategias de resolución y soluciones a nosotros mismos y, también, a nuestro entorno.

- *No te quedes atrapado en el error, ¡suéltalo y continúa!* Si no, desde la frustración no podrás construir nada bueno. Piensa que volver a empezar después de caer tiene sus cosas buenas: los inicios son excitantes, divertidos, sexys... Los errores pueden ser tu gasolina para tirar para adelante.

Equivócate pronto.
Te ahorrarás tiempo y cometerás errores más pequeños y más baratos.

EN RESUMEN: LOS 12 INGREDIENTES NECESARIOS

QUIÉRETE

CUÍDATE

SUPERA LOS FRENOS MENTALES

NO LE DES VUELTAS A LAS COSAS

TEN VOLUNTAD

CULTIVA LA IMAGINACIÓN

SIGUE TU INTUICIÓN

EVITA LA PERFECCIÓN

NO TE COMPARES

TÓMATE LAS COSAS BIEN

SÉ AGRADECIDO

APRENDE DE LOS ERRORES

¿QUÉ HACER CUANDO ESTÁS DE BAJÓN?

Antes que nada, tenemos que darnos permiso para estar tristes. ¡Porque somos humanos y hay momentos de todo! Y si nos resistimos, podemos generar un nudo emocional.

Pero tenemos que ponerle fecha de caducidad, para no quedar atrapados en una rueda de hámster («todo me sale mal», «todo me pasa a mí»...). ¡No pierdas la perspectiva ni personalices determinadas cosas!

Y desahógate. Ya sea haciendo deporte, vaciando el buche con los amigos, charlando con los colegas del gremio...

CONSTRUYE TU TRIBU

Yo, cuando me siento perdida, soy muy de quedar para tomar un café; los buenos amigos me conocen casi mejor que yo misma y con ellos no hay que quedar bien, no te juzgan y puedes ser tú mismo. Creo que con los años he ido aprendiendo de todas las personas que han pasado por mi vida y ahora soy mejor gracias a ellas: me quiero, estoy cómoda en mi piel, creo en mí y no necesito el reconocimiento externo.

TRUCO PARA MANTENER LA AUTOMOTIVACIÓN

Los premios que nos dedicamos a nosotros mismos son muy importantes. Son un pequeño momento de placer que nos hemos ganado. Por ejemplo, puedes decir: «Comeré un trozo de chocolate cuando acabe de redactar estas cinco páginas».

O incluso puedes escribir en papelitos cosas que te gustan, doblarlos y ponerlos en una caja; saca un papelito cada vez que hayas conseguido uno de tus objetivos y regálate un paseo, un café con un amigo, una tarde en el cine...

Y seguro que tienes una canción que te pone las pilas enseguida. ¡Tenla siempre a mano!

Recuérdalo siempre: tu estado interior LO ES TODO para el éxito de tu negocio. Puedes tener toda la formación, una estrategia perfecta y las ideas que quieras, pero si no crees que lo puedes hacer realidad, que realmente te mereces el éxito... sabotearás tus propios esfuerzos. Los miedos, la inseguridad... bloquean tu futuro y anulan el talento. Trabaja para echarlos.

IDEAS CLAVE

- *No hay que comer espinacas como Popeye ni escalar paredes como Spiderman: para aumentar las ventas o conseguir el éxito, el secreto es estar bien por dentro.*
- *El autoconocimiento te permite autoliderarte y liderar equipos.*
- *Te tienes que sentir tan grande como quieras ser visto. Por muchos estudios, por muchos contactos que tengas... llegarás adonde creas que puedes llegar.*

PLAN DE ACCIÓN

- *¡Entrena la mente! Descarta los pensamientos negativos y sustitúyelos por otros que te ayuden a crear la realidad que quieres.*
- *Identifica la raíz de tus miedos.*

    - *¿Viviste algo de pequeño que te marcó? ¿Alguna vez alguien te ha dicho algo que te ha afectado, tu entorno te ha juzgado?*
    - *¿Y qué harás a partir de ahora para superarlo, qué estrategias desarrollarás para que no te afecte más?*

¿Por qué es importante este ejercicio? Pues porque, si no aprendemos de nuestros miedos, repetimos patrones y tropezamos continuamente con la misma piedra. Y escogemos una y otra vez parejas que no nos hacen felices, clientes que no nos dan las facilidades que nosotros quisiéramos... ¿Te suena?

MANTRAS MULTIVITAMÍNICOS

* *«Tanto si crees que lo puedes conseguir como si no, tienes razón» (Henry Ford).*
* *Se gasta la misma energía pensando que una cosa saldrá mal que pensando que saldrá bien.*
* *Si no haces nada, no pasará nunca nada. ¡Haz que pase!*
* *La voluntad y la felicidad son como un músculo.*
* *Vive el momento. No te (pre)ocupes.*

4. CREA TU MARCA

CAJA DE HERRAMIENTAS QUE CONSEGUIRÁS EN ESTE CAPÍTULO

* *Cómo construir tu marca.*
* *Define y transmite tu valor diferencial.*
* *Estudia la competencia.*

Hoy tenemos cena de chicas. Sushi y vino. Y Sandra ya nos ha avisado por Whatsapp de que tiene una noticia bomba para explicarnos.

—¡Chicas, agarraos bien a la silla porque os vais a caer de culo! ¡HE-CONOCIDO-AL-TÍO-DE-MI-VIDA!

—¿Quéééé?

—¡Sí, sí, tal cual!

—Sandra, ¡que nos conocemos! Que cada lunes nos dices que has conocido al hombre de tu vida y los domingos te acaba saliendo rana.

—Que no, que no, que esta vez es diferente...

—A ver, a ver... ¿Cómo se llama?

—Iván Campos.*

* Si por casualidad te llamas Iván Campos, perdóname. No te quería lanzar al estrellato. He escogido un nombre al azar para proteger la privacidad de mis amigos. [N. de la A.]

Sara coge el móvil y teclea en Google «Iván Campos». Automáticamente, lo encontramos en Facebook, Linkedin...

—Nena, no tiene mala pinta este Iván, ¡eh!

—¡Ya os lo he dicho!

—Aquí dice que es ingeniero...

—Y yo he encontrado en Facebook que juega al fútbol...

—¡Mira, mira, mira! ¡Aquí hay una foto de cuando era pequeño!

—¡Ohhhhh! —gritamos todas de golpe; somos unas pánfilas.

Lo que acabamos de hacer con el ligue de Sandra es lo que hace todo el mundo cuando busca cualquier cosa: un fontanero, un médico... o cuando el departamento de recursos humanos de una empresa quiere comprobar que no eres un *psicokiller* en potencia. Porque San Google lo sabe todo.

Con la llegada de internet, las marcas tienen más importancia que nunca. Porque incluso nosotros mismos como personas nos hemos convertido en marcas, ya que, cuando nos buscan en internet, mostramos toda una identidad digital.

La marca es aquello que transmites, lo que desprendes, lo que se recuerda.

Así que, si quieres que sea potente y tenga coherencia cuando la gente te busque en internet, te tocará ponerte a trabajar. Tienes que cuidar tu marca, saber qué quieres decir y cómo, dotarla de personalidad... Es un trabajo desde adentro hacia afuera.

TRES RAZONES POR LAS CUALES VALE LA PENA CUIDAR EL *BRANDING*

* **Para posicionarte en el mercado.** *Para que la gente sepa rápidamente quién eres, qué haces, cómo, para quién... No te imaginas la cantidad*

de horas y de dinero que te ahorrarás en atención al cliente, porque con sólo ver tu web o tu logo ya sabrán cuál es el talante de tu empresa, si eres caro o barato... y evitarás decepciones.

- **Para generar recuerdo.** *Una marca es lo que queda cuando ya no estamos presentes. Es la imagen mental, el símbolo con que identificamos una idea. ¿Qué queremos que piense la gente cuando pronuncie nuestro nombre o nuestra marca?*

  Yo, por ejemplo, cuando pienso en la Caja Roja de Nestlé, enseguida me acuerdo de mi abuela y de la caja roja metálica que siempre había en el comedor de su casa. Me acercaba a ella con miedo y pensaba «¡por favor, que haya bombones y no las agujas de coser!». Por lo tanto, yo asocio la Caja Roja a tradición y familia. Eso es el posicionamiento de marca.

- **Para generar confianza y credibilidad.** *Una marca trabajada hace decir «sí, señor». Por ejemplo, cuando regalamos un perfume, ¿verdad que lo compramos de marca en lugar de pillar cualquier colonia del supermercado?*

Al crear cultura de marca dejarás de ser una «mercancía» para ser un «experto».

APRENDER DE LAS MARCAS QUE TRIUNFAN

Son aquellas que son capaces de fidelizarnos y de atraparnos con su manera de trabajar, de forma que removemos cielo y tierra por ellas: ¡la gente hace cola ante la puerta de Apple para comprar su última novedad, a pesar del precio! ¿Por qué? Porque estos clientes se han convertido en «evangelizadores» de la marca, se la creen, la sienten suya. No irían a la competencia ni por todo el oro del mundo.

Captar un cliente nuevo cuesta unas cinco veces más que fidelizar a uno que ya tenemos. Y piensa que fidelizar siempre es más fácil para los que son pioneros.

Es lo que me pasa a mí con mi peluquera (¡Noe! ¡Un abrazo desde aquí!). Sabe que odio ir a la pelu, así que me pone las cosas superfáciles: enchufes, conexión a internet, jazz e infusiones. Y me hace unos cortes de pelo que no necesitan secador. ¡Vaya, que la adoro! Y si algún día ella hace vacaciones o no está, me doy media vuelta y vuelvo a casa. Nadie aparte de Noe me corta el pelo, *no way!* ¡Ella es mi peluquera, tiene el monopolio de mi mata de pelo! Este nivel de fidelización se llama *lock-in*.

¿Lo ves? Son marcas con **personalidad, con discurso** (mira el mensaje *positive thinking* de Coca-Cola, que siempre quiere transmitir «la chispa de la vida»), y que han sabido crear la **necesidad** entre la población.

¿Y cómo se crea la necesidad? Fíjate en los yogures. ¡Antes del siglo XX ni tan siquiera se consumían! Pero la industria lechera supo reinventarlos como alimento-medicina de primera necesidad (igual que con las manzanas, como dice el refrán «*one apple a day, keeps doctor away*»), colocando en los anuncios a **prescriptores** como el actor José Coronado, un hombre que gusta al público femenino y que cae bien a los hombres.

La estrategia, en este caso, era conseguir que el público adulto comiera más yogures, un alimento que hasta entonces consumían sobre todo los niños pequeños. Años después, vemos que la imagen de Coronado ha sido sustituida por otros famosos en función del público al cual se dirigen los anuncios: Carmen Machi para las mujeres que sufren estreñimiento, Shakira en los *spots* de verano cuando toca operación biquini...

Hay muchos productos que afirman que sus resultados están comprobados científicamente o que 9 de cada 10 personas afirman que blablabla. Estos argumentos con datos ayudan a crear **confianza** y rebaten las objeciones que pueda tener el consumidor. Así es cómo han entrado a nuestra vida los L. Casei Inmunitas y los detergentes con Oxi Action.

Otra manera de generar necesidad es el **branded content**: contenidos vinculados a una marca o a un producto para conectar mejor con el consumidor. Recuerdas los dibujos de Popeye, ¿verdad? Pues es el caso más brutal de *branded content* que conozco. Te explico: los productores americanos de espinacas tenían excedente de producto. Así que crearon los dibujos de Popeye para propiciar que la población comiera más este tipo de verdura. Muy fuerte, ¿no?

Venga, aprovechando el tema, déjame que te hable de Red Bull. ¡Esta gente son la bomba comunicando su marca! Porque no nacieron como una fábrica de bebidas, no: nacieron como una productora audiovisual. Todo lo que hacen son contenidos y, de paso, venden bebidas y lo que sea. Fíjate que con el salto desde la estratosfera de Felix Baumbartner consiguieron cobertura mundial sin pagar ni un duro a ningún medio de comunicación. ¡Podríamos decir que es el anuncio publicitario más brutal que se ha hecho nunca!

¡Hablando de bebidas! Tenemos el caso de Nespresso, que daría para una tesis doctoral. Nespresso también juega con un prescriptor potentísimo como es George Clooney, que hace de embajador, de padrino de la marca. Y tanto él como toda la puesta en escena de los *spots* transmiten clase, *glamour*... El color negro de su ***packaging*** y de la **web** no está elegido al azar, ¡claro que no! Es la manera de comunicar que se trata de un producto exclusivo, gurmet, y que ya puedes ir sacando la cartera. Y la gente lo consume, a pesar de ser un producto contaminante y caro, porque es cómodo y proporciona estatus.

Además, Nespresso nos hace vivir toda una **experiencia** y eso genera **recuerdos y los diferencia de la competencia:** la compra no incluye a Clooney, pero casi te hacen creer que te lo encontrarás en la tienda diciéndote: «Buenas tardes, Sra. Costa, bienvenida».

El *branding* y el *know how* (nuestra manera de hacer) son muy buenos activos.

Lo de la experiencia de compra me hace pensar en el **neuromarketing**, estrategias que apelan a nuestro subconsciente. Justo ayer pasamos por Zara Home y umm... me encanta el olor de esa tienda (vaya, de todas las tiendas de la cadena, porque todas huelen igual). La cosa está muy pensada: el olor seduce al consumidor creando la atmósfera propicia para que compre y refuerza el recuerdo de marca. Lo mismo pasa en algunos hoteles y en tiendas de moda donde, además, te ponen música a toda castaña —casi parece que tengas que pedir un cubata en cualquier momento. Y es que los olores y la música los asociamos rápidamente a momentos, lugares, personas...

Siguiendo con los sentidos, el tema del ruido también es todo un mundo. ¡Alucinarías con la de pruebas que llega a hacer una empresa hasta que saca una aspiradora! Porque el ruido está testado. O con las bolsas de patatas fritas: está estudiadísimo el ruido que hace una bolsa cuando la abrimos o incluso cuando mordemos las patatas... Es para flipar. Por no hablar de los colores de los coches...

¿Cómo puede ser que hayamos llegado tan lejos? Pues porque antes no teníamos tanta oferta y ahora nos lo tenemos que currar mucho para diferenciarnos en un mercado saturado.

Te explicaré un experimento que hice para demostrarte la importancia que tiene nuestro subconsciente en las decisiones de compra. María y yo trabajábamos juntas y llevábamos la misma colonia. Un día, le dije:

—Mira, huéleme la muñeca izquierda. ¿Notas algo?

—Es nuestra colonia de siempre... pero, ¿puede ser que sea diferente?

—Sí, es que es una imitación que encontré en un bazar. Ahora huéleme la muñeca derecha. Ya verás.

—Umm... Esta diría que sí que es la buena.

Mentira podrida. En las dos muñecas llevaba colonia de imitación. No se notaba la diferencia, fue la sugestión y el hecho de imaginarse entornos y botellas diferentes.

EL VALOR DIFERENCIAL

Prepárate un café cargado porque este punto es importantísimo.

Imagina que tu pareja te pregunta «¿Por qué te gusto?». A ti se te acumulan las ideas y las palabras se te encallan en la boca: ¡no sabes cómo decirlo! Acabas poniendo cara de póquer y él o ella alucinan pepinillos. Todo muy poco romántico, vaya.

No queremos que te pase esto cuando hables de tu negocio, tienes que poder explicar qué te hace único, por qué te tienen que escoger a ti. Tienes que enamorar.

Igual piensas: «Pero, ¿quién soy yo para creerme diferente?». No es una cuestión de ego ni de falta de modestia. Al contrario, ponte en el lugar de tus clientes: ¿qué beneficio obtendrán trabajando contigo, en qué les puedes ayudar que pocas personas sepan hacer tan bien como tú, qué sueño les ayudarás a conseguir?

Estos beneficios y soluciones que aportas son tu valor diferencial.

Además, te basarás en evidencias para explicarlo: testimonios de la gente con quien has trabajado, sellos de calidad y premios, logotipos de los *partners* que tengas o de los clientes más importantes... No hará falta que digas lo bueno que eres porque tu comunicación lo hará por ti.

En las clases de marketing y ventas siempre defiendo a capa y espada que todo el mundo tiene que encontrar su valor diferencial. Es lo que los americanos llaman *unique selling proposition* (USP), es decir, **una propuesta única de venta, que no pueda ofrecer nadie más. Esto te diferenciará de la competencia** y, hoy en día, con la sobreoferta que hay, eso es fundamental.

Para que nos entendamos... «Competencia» son aquellos servicios o productos que cubren las mismas necesidades que tú: por ejemplo, en una merienda infantil, los *cupcakes* y el bizcocho casero serían competencia, porque satisfacen la misma necesidad de una merienda dulce. Así que recuerda que siempre hay competencia, porque siempre que vendes estás captando los clientes de otro.

Eso no quiere decir que nos imaginemos la competencia como el demonio, no. ¡Estamos intentando construir empresas más humanas! A mí me gusta un término que en inglés se llama *coopetition (competir + cooperar)*.

NUESTRA COMPETENCIA PUEDE SER UNA GRAN MAESTRA

Así pues, estamos intentando encontrar nuestro valor diferencial para llamar la atención de la gente:

- *Puede ser por cuestiones objetivas: tu experiencia, tu trayectoria, los estudios que tienes...*
- *O por habilidades personales: porque eres un hacha en productividad y organización, tienes un don natural para las ventas...*

Un ejemplo. Supongamos que eres periodista y te gusta el yoga... ¿por qué no haces un mix de trabajo y placer y apuestas por especializarte en periodismo healthy*? ¡Es un sector claramente al alza!*

- *O incluso podemos crear expresamente este toque diferencial: puedes dar valor añadido apostando por un* packaging *único y superespecial. Es lo que han hecho marcas como Mr. Wonderful, reinventando el diseño gráfico, o lo que hizo hace unos años la marca de bolsos Misako (recuerdo que en el metro, de camino a la universidad, todo el mundo llevaba las bolsas de tela negra que servían para meter el bolso dentro cuando lo comprabas).*
- *O puedes tener una manera de comunicar única, que cree una conexión brutal con el cliente (bebe de tus aficiones y, por ejemplo, diferénciate por tener un* copy *en que siempre hagas comparativas con el mundo deportivo o gastronómico...).*

- *O porque tienes una manera de funcionar y un* know how *diferente.*
- *O porque estás apostando por la innovación y, por tanto, estableces un precedente. Siempre irás por delante de la competencia y te posicionarás en un lugar único.*

Fíjate en Itunes. Uno de sus valores diferenciales es que te permite comprar una única canción, no tooodo el disco entero.

¿El mejor rasgo diferencial para una empresa? Dar valor, valor y más valor. Haz cosas buenas y tendrás todos los clientes que necesites.

Busca un valor añadido SOSTENIBLE en el tiempo, ya sea incidiendo en el producto en sí...

- *Porque tienes un producto único.*
- *Porque tienes el mejor producto.*
- *Porque es el que tiene un diseño más atractivo.*

... o en la comercialización y distribución:

- *Porque ofreces complementos.*
- *Porque das un acompañamiento único (a domicilio, ¿por ejemplo?)*
- *Porque ofreces unas garantías y facilidades de pago que son la bomba.*
- *O porque tienes la distribución exclusiva de un producto.*

Y no, no me cuentes que te diferencias de la competencia por el precio. ¡No me lo digas porque me dará un jamacuco! **Diferenciarnos por el precio es lo peor que hay**. Pero déjame que abra un subapartado especial para explicártelo, porque esto tiene tela.

NO JUEGUES CON LOS PRECIOS PARA DESTACAR

El precio no fideliza. Si mañana tu cliente encuentra una oferta más barata, dejará de comprarte a ti. Aunque me digas que es una solución temporal, «sólo al princiiiiipio», para crearte un nombre. Porque entonces, cuando quieras subir los precios, el cliente te dirá *bye bye*.

Si pones precios demasiado bajos te percibirán como barato y hay mucha gente que piensa que lo caro es bueno.

El Washington Post *hizo el experimento de contactar con uno de los violinistas con más talento del mundo, Joshua Bell, e invitarle a tocar en el metro. Como artista callejero, en tres cuartos de hora, consiguió poco más de 32 dólares. ¡Un tipo que está acostumbrado a tocar con un violín Stradivarius valorado en 3,5 millones de dólares! ¿Te das cuenta de lo que supone la percepción?*

No quieres que los clientes vengan a tu negocio a regatear. No quieres que vengan sólo cuando hagas promociones o descuentos porque no le dan el suficiente valor a tu trabajo. Quieres que estén realmente convencidos.

Fíjate que las marcas que dominan el tema NUNCA hacen descuentos. Juegan con *packs*, tiradas especiales... pero el precio es el mismo pase lo que pase.

Recuerda, además, que te estás cargando el sector si entras en una guerra de precios. No es bueno ni para ti ni para nadie.

HACER *BENCHMARK* PARA ENCONTRAR TU VENTAJA COMPETITIVA

Te puede resultar útil fijarte en el sector, en el mercado, en la competencia, en las tendencias que triunfan, para ver cómo se venden, cómo comunican... (recuerda que nos tenemos que comparar de una manera sana y ética, ¿eh?).

Esta **evaluación comparativa o *benchmark*** sirve para buscar rendijas para conseguir una ventaja competitiva, para descubrir cuáles son sus puntos débiles y, también, para tener un punto de referencia —una medida— para fijar objetivos y para aprender de los demás. Y, de hecho, no es una acción útil sólo cuando creas una empresa, sino siempre que quieras. Incluso la puedes automatizar.

El proceso es el siguiente: planificas qué necesitas analizar y cómo lo harás, recopilas los datos, los analizas, implementas y haces cambios según las conclusiones obtenidas y documentas todo ese proceso (piensa que queremos optimizar tu gestión, así que el hecho de tenerlo todo apuntado te permitirá, más adelante, hacer estudios a fondo y cruzar datos).

Planifica → Recopila datos → Analiza → Implementa → Documenta el proceso

Puedes obtener información para hacer este análisis a través de tus proveedores, de encuestas, de foros, preguntando a los clientes de la competencia o mirando los comentarios que hacen en su web y en las redes, con estudios y libros con cifras e información interesante, echando mano de hemeroteca, mirando las cifras de tu analítica web y de las redes sociales (de estas herramientas 2.0 hablaremos con profundidad más adelante, en el capítulo 6), etc., etc., etc.

Un consejo con *glamour*, estilo Preysler: como quizás necesites la colaboración de gente de fuera de la empresa, cuídales, dales las gracias y ofréceles algo a cambio de su participación (*win-win*).

Y si todavía piensas: «Txell, quiero más **herramientas para hacer un estudio de mercado**», aquí tienes algunas:

- **Google Trends** *(www.google.com/trends): para ver las tendencias de búsqueda en Google, es decir, qué palabras se están buscando más. Si, por ejemplo, buscamos «helados» en la zona de España veremos que es una búsqueda muy estacional y que, en los últimos años, está estancada. Por tanto, puedes tener dificultades si montas una heladería.*
- **Búsqueda avanzada de Twitter** *(www.twitter.com/search-advanced): te permite ver las conversaciones que mantiene la gente para poder averiguar qué se lleva, qué interesa... ¡Quizás tú estás haciendo pan de nueces y descubres que la gente lo que quiere es pan de alforfón!*
- **Planificador de palabras clave de Google Adwords** *(https://adwords.google.com/KeywordPlanner): para ver el volumen de búsquedas de las palabras clave relacionadas con tu negocio y así entender qué volumen de mercado podrías tener.*

CÓMO PROTEGER LA MARCA

Suena a batalla medieval y a honor de los caballeros, pero no, no va por ahí la cosa...

La marca es como una planta que tienes que mimar y regar para que crezca y esté llena de vitalidad.

- **Reserva el nombre en todas partes.** Compra un dominio web con tu nombre y/o el de tu marca (como te he dicho antes, el mío es www.txellcosta.com), así evitarás que cualquier otra persona que se llame igual lo compre y puedas tener problemas de imagen y de posicionamiento. Y reserva el mismo nombre en las redes sociales (Facebook, Twitter, Linkedin...) para que todo tenga coherencia en cuanto a la marca. Es igual que ahora mismo no utilices Twitter, por ejemplo: entra, crea el perfil con tu nombre y déjalo en privado para que la gente no lo pueda localizar.

- **Escoge con cuidado qué quieres transmitir** (lo veremos con más detalle en el capítulo 6, cuando hablemos de la línea editorial). Todo comunica: cómo hablas, cómo vistes, las fotografías que cuelgas en Facebook... En definitiva, cuida tu reputación —la digital, también—. Piensa que colgar fotos tuyas de fiesta y bebiendo cubatas seguramente no aportará valor a la visión que quieres que tenga el cliente de ti. Gestiona bien la privacidad de tus canales *online* (Facebook, Twitter, Linkedin...) y haz visible aquello que creas que te puede beneficiar profesionalmente.

- **Monitoriza,** es decir, haz un seguimiento de lo que se dice de ti y de tu marca. Esta tarea irá evolucionando según la fase de expansión de tu empresa (te pongo ejemplos de lo que hace falta monitorizar, desde empresas más jóvenes hasta empresas más consolidadas):

    - Presencia en las redes sociales.
    - Presencia en foros y blogs de internet.
    - Presencia en los medios de comunicación.
    - Encuestas para saber la opinión de la gente de la calle.

Se trata de detectar dónde sales y cómo sales: si hablan bien de ti, si destacan las ideas clave que querías transmitir... Herramientas como las Alertas de Google (www.google.es/alerts) te resultarán útiles para monitorizar cualquier palabra clave: te avisan por correo electrónico cada vez que el robot de Google detecta un contenido nuevo en internet sobre ti, o tu marca, o tu competencia...

IDEAS CLAVE

* *Estás construyendo la identidad de tu marca. Hazla apasionada, diferente, inimitable, transparente, auténtica, constante y coherente. Serás invencible.*
* *Ya no se esconden las emociones en los negocios. Las empresas de hoy en día tienen cara y se humanizan, y así generan más* engagement *entre sus seguidores.*

A las personas nos gusta hacer negocios con personas.

* *Sea como sea, encuentra tu valor diferencial. Es la madre del cordero para poder dar el salto.*

  Quizás eres el mejor en tu sector, tienes mucha experiencia, quizás eres el más rápido... Detéctalo y comunícalo.

  Yo te recomendaría que definieras un eslogan con esta idea *y que lo pusieras en la web y en todas partes, y que evitaras aquellos* claims *descafeinados tipo «buena atención al cliente» (son los típicos eslóganes de corta-y-pega que servirían para cualquier negocio y que, en el fondo, no dicen nada).*

PLAN DE ACCIÓN

Responde a las siguientes preguntas, que te ayudarán a definir tu marca:

- *¿Cuál es el objetivo de lo que quieres vender? ¿Ofrece una solución a algún problema de la gente, mejora su vida?*
- *¿Está pensado como un producto de primera necesidad o de lujo?*
- *¿Qué hace que tu producto o servicio sean únicos? ¿Qué ventajas tiene lo que tú ofreces, qué beneficios aporta? Escríbelo. Y utiliza palabras significativas de verdad, no digas que «eres único», que «ofreces soluciones integrales» y todas estas mandangas que son palabras vacías.*
- *¿Hay alguien que venda algo similar?*
- *Refleja tu personalidad en todo lo que hagas: la papelería, la web, tu manera de vestir, de hablar, de atender a la gente... ¿Es una marca seria, divertida, serena...?*

PARIR UNA EMPRESA DESDE EL ALMA

Durante esta primera parte del libro, has hecho un trabajo desde dentro hacia afuera:

- *Has fijado unos objetivos y te has enfocado para conseguir crear la empresa que quieres. Te sientes fuerte y a punto para comerte el mundo.*
- *Has recogido toda esta filosofía, sueños, ideas... y los has reflejado en tu marca.*

¡Has hecho un muy buen trabajo! ¡Felicidades! (¡Di «Pa-ta-ta», que haremos una foto!)

Ahora toca mirar hacia afuera. ¡Tú retócate el rímel, y tú, el del fondo, cuidado, que llevas la bragueta abierta, despistado!

¿Ahora sí? ¿Todos a punto?

¡Manos a la obra, que se levanta el telón!

ABRIR LA EMPRESA
AL MUNDO

5. HAZ DE INSPECTOR GADGET: INVESTIGA A TU CLIENTE

CAJA DE HERRAMIENTAS QUE CONSEGUIRÁS EN ESTE CAPÍTULO

- *Cómo identificar y segmentar a tu clientela.*
- *Cómo utilizar el CRM para ofrecer un trato personalizado.*

Mientras escribo estas páginas te estoy imaginando: en el sofá, en el metro, subrayando con fosforito algunas frases, asintiendo con la cabeza o frunciendo el ceño ante algunas ideas que todavía no sabes cómo poner en práctica...

Y es que escribo para ti. Porque soy consciente de que necesitas que te echen una mano para poner en práctica tooodas las ideas que te rondan por la cabeza. Sabes que ya no valen las excusas, que ha llegado el momento. Y me encanta poder ayudarte, porque yo también he tenido esa sensación de «tengo ganas de crear y de lanzar al mundo lo que llevo dentro, pero no sé cómo narices lo tengo que hacer».

Intento meterme en tu cabeza y explicarte todo lo que necesitas saber de la manera más sencilla posible. No quiero que este sea un libro más, sino uno que te ayude a hacer el clic, a pasar a la acción. Y me encantaría que lo recomendaras a la gente de tu entorno, y que nos viéramos en alguna firma de libros y que me pudieras decir: «¡Eh, Txell, tenías razón, lo he conseguido!».

Por otra parte, el hecho de imaginarte a veces me pone nerviosa. ¿Te gustará? ¿Pasarás rápidamente aquella página que tanto me ha costado escribir? ¿Echarás de menos algún capítulo? Pero, aun así, me pongo en tu piel porque tiene muchas ventajas: puedo deducir qué dificultades te estás encontrando, cuál es la reacción de tu entorno...

Y eso mismo es lo que tienes que hacer tú cuando desarrolles tu negocio: meterte en los zapatos de tu cliente. De este modo conectarás con tu cliente ideal.

Siente como tu cliente, piensa como él, utiliza las mismas palabras que él, y verás cómo la venta fluye mucho mejor.

De hecho, soy consciente de que este libro no llegará a manos de todo el mundo. Está pensado para personas valientes y positivas que quieren mejorar su carrera profesional desde ahora mismo creando una empresa de una dimensión muy humana, y no todas las personas están viviendo esta misma situación. Aplícalo también a tu negocio: **no quieras gustar a todo el mundo ni ofrecer servicios a todo tipo de público, porque quien mucho abarca poco aprieta. Segmenta tu *target*.**

Y para eso hace falta que cojas la gabardina de inspector Gadget y vayas a investigar a tu cliente.

IDENTIFICA Y SEGMENTA TU PÚBLICO

Siempre, siempre, siempre, cuando doy una conferencia y pregunto a alguno de los asistentes: «¿A quién se dirige tu producto o servicio?», me responde: «A todo el mundo».

¿A TODO EL MUNDO? ¡¡¡¿¿¿A TODO EL MUNDO???!!!

¡Meeeeeeeec! ¡Error! **«Todo el mundo» no existe.** Intentar vender un producto igual a toda la población no funciona, porque una persona mayor y una persona joven no se comunican del mismo modo y no razonan igual su decisión de compra.

En la mayoría de casos (dicen que es un 85 %, pero ya se sabe que las estadísticas y los políticos no siempre dicen la verdad) son las mujeres las que toman la decisión de compra. Y, cuando vamos con niños pequeños, a menudo este peso recae en ellos.

Y lo primero que debes tener claro es que es imposible llegar a todo el mundo a la vez y del mismo modo.

Si, por ejemplo, vendo audífonos, llegaré a la gente mayor enviándoles por correo ordinario folletos con la letra bien gorda y legible; pero si quiero llegar a sus nietos, pondré en marcha una campaña en Facebook muy emocional con reflexiones del tipo: «Tu abuelo no te oye. ¿Te das cuenta de la cantidad de experiencias que te estás perdiendo con él?», para que estos hagan de prescriptores (= recomendadores).

Así pues, segmenta bien la población y, en función de sus características, prepara tu mensaje y la manera de comunicarlo. Detecta sus necesidades y explícales que tú tienes la solución.

Practiquemos un momento. Si yo te pregunto: «¿A quién quieres llegar?» y tú me dices: «A cualquier persona con coche», todavía tienes una audiencia demasiado amplia. Hace falta que enfoques, como en una cámara. Si me dices que te diriges a jóvenes que compran su primer coche, la cosa ya va mucho mejor, porque estás apuntando a un público específico.

Segmentar no es un factor limitante. Más bien es al revés: tener un mercado objetivo claramente definido hace que la venta sea más clara, precisa y eficaz.

Piensa que, además, con internet tienes la opción de llegar a todo el mundo, así que plantéate también tu alcance territorial.

Porque al principio pecas de ingenuo, necesitas dinero y la pasión te desborda... ¡y dices que sí a todos los proyectos! Pero, con el tiempo, te das cuenta de que es importante decir que no con sinceridad, por el bien del cliente y por el tuyo. **Así que quédate con el segmento de *target* que resulte más rentable.**

No tienes que llegar a todo el mundo; ¡eso es imposible! Tan solo tienes que llegar a aquellos sectores de la población que te reporten más beneficio.

¿QUÉ DEBES SABER DE TU CLIENTE IDEAL?

- *¿Cómo se llama? (si no tienes elegida a la persona real que representaría a tu cliente ideal, imagínatela y ponle un nombre ficticio, para tenerla más presente).*
- *¿Cuántos años tiene?*
- *¿Dónde vive?*
- *¿Qué estudios tiene?*
- *¿De qué trabaja?*
- *¿Qué ingresos tiene? (Es importante para saber si se podrá permitir tu producto o servicio.)*
- *¿Está casado, soltero…? (¡La pareja influye en la decisión de compra! Y quizás también se pueda convertir en cliente tuyo.)*
- *¿Tiene hijos?*
- *¿Qué medios de comunicación y blogs consume? (Y tú tendrás que estar presente en ellos.)*
- *¿Usa las redes sociales? ¿Cuáles? (Son las mismas que tú, desde tu negocio, también tendrás que usar.)*
- *¿Qué aficiones tiene? ¿Qué le gusta? (Te dará pistas para establecer alianzas estratégicas con otros negocios.)*

- *¿Qué sueños crees que tiene? ¿Qué problemas tiene? ¿Qué retos? ¿Qué le quita el sueño? ¿Qué echa de menos? ¿Qué futuro quiere? (Todo esto es lo que le tienes que «solucionar» tú.)*

¿CÓMO LO PUEDES AVERIGUAR?

- *Tenemos muchas pistas para conocerlos a través de los comentarios del blog, de las redes sociales, de las visitas que registra Google Analytics...*
- *Y, si no, recuerda: ¡preguntando se va a Roma! ¿Por qué no se lo pides directamente con una encuesta?*

LOS DIFERENTES TIPOS DE CLIENTELA Y EL ARMA SECRETA PARA TRIUNFAR

Piensa de qué pie calza tu cliente. ¿Cómo es? ¿A qué tipología responde?

Por ejemplo, están los clientes *oportunistas*, que son los que ven una oferta de «6 meses sin intereses» y se tiran a ella de cabeza.

Están los *catedráticos*: quieren imágenes, ejemplos...

Y los *solucionadores*: quieren respuestas y resultados inmediatos. Son los que, por ejemplo, compran un *pack* de 10 calcetines iguales, 10 calzoncillos iguales... y así ya no tienen que pensar en ello en todo el invierno.

Y también están *los que compran para tener estatus*. Déjame que te ponga un ejemplo exagerado: es el caso de los hombres que compran la pantalla de tele más grande que encuentran en el Mediamarkt o el de las mujeres que nos gastamos un pastón en la pelu porque Piluca también lo hace.

Está el cliente *egocéntrico*, que tiene una imagen de sí mismo bastante elevada. Con este tipo de consumidor siempre funciona proporcionar referencias de otros clientes para quienes has trabajado.

—¿Conoces a Madonna?
—¡¡¡Sí!!!
—Pues trabajamos con el hermano del chófer del cuñado de Madonna.

Y también está el cliente *apalancado*, el que dice: «¡Bah! ¡No me hables de cosas técnicas! A ver, ¿me lo traeréis a casa o qué?». Parece que se muera de ganas de pagar...

Y luego están los *expertos*. Quieren cifras, hechos, propuestas concretas, estimación de beneficios... Y son unos regateadores natos. Con ellos, ofertas como por ejemplo «sólo hoy puedes obtener...» funcionan de coña.

Supongo que vas viendo por dónde va la cosa. **Es importante atraer a un tipo de cliente que no te escoja por el precio y ofrecerle un trato personalizado para que se sienta el centro de todo el proceso comercial.**

Una vez, pasé por el peaje manual y di la tarjeta de crédito. Cuando me iba, el chico que cobraba me dijo: «¡Buen viaje, Meritxell!». ¡Yo flipaba! No es que tuviera poderes y adivinara mi nombre, no, simplemente tuvo el detalle de mirar cómo me llamaba en la tarjeta.

Y es que resulta que no nos gusta ser el número de referencia de compra 22014A. Como clientes, nos gusta que nos llamen por nuestro nombre, que nos hagan recomendaciones de acuerdo con nuestros gustos... ¡No queremos empresas-robot!

¿Y qué podemos hacer para triunfar? Prepárate, porque ahora te explicaré un secreto que es la monda, **la herramienta imprescindible para pasar de ser un amateur a un pro: el CRM.**

Si tu objetivo es fidelizar clientes, la gestión de las relaciones que tengas con ellos es fundamental.

El CRM, como sus letras indican, te hará Caer Redondo Maravillado (ya sé que no me ha salido muy bien la broma, pero, por favor, ríete por compromiso, que me la he pensado mucho...). Ahora en serio: CRM quiere decir *Customer Relationship Management*, lo que viene siendo **Gestor de Relaciones con los Clientes**. Se trata de documentar tu relación con el cliente con herramientas como Zoho, Insightly, Infusionsoft o bien con un simple Excel cruzado con Google Calendar para, de este modo, **poder darle respuesta de forma personalizada y automatizada.** Conviérte-lo en una práctica habitual cada vez que hables con un posible cliente y anota en diferentes columnas:

- *Cómo te ha conocido.*
- *Qué canal de comunicación ha utilizado para ponerse en contacto contigo.*
- *Cuándo ha hecho la última compra.*
- *Qué producto compra habitualmente...*

Así, por ejemplo:

- Si sabes que siempre compra camisas, cuando te lleguen nuevos modelos podrás enviarle un SMS o un Whatsapp para avisarle.
- Le podrás enviar un descuento por su cumpleaños.
- O, cuando haga una reserva en tu restaurante, podrás guardarle su mesa preferida y servirle su aperitivo habitual incluso antes de que te lo pida (¡menudo puntazo!).

- También podrás aplicar estrategias de *upselling*: a partir de un grado de consumo básico, pasar a un consumo más elevado o *premium* (como hacen en McDonald's, por ejemplo, cuando te ofrecen bebidas de tamaño grande).

Con el CRM podrás hacer un seguimiento personalizadísimo del cliente durante todo el ciclo de venta.

IDEAS CLAVE

- *En lugar de consumir tu energía en un público demasiado amplio, centra tu estrategia en un público que valore lo que haces.*
- *Con información más específica, podrás tomar decisiones más inteligentes sobre dónde y cómo hacer publicidad.*
- *Es importante que centres tu comunicación y tu marketing en el cliente (no en la marca ni en el producto) y que tengas herramientas para acompañarle durante todo el proceso.*
- *El CRM es una herramienta clave para tener agrupada toda la información sobre el cliente, obtener conclusiones potentísimas para cerrar más ventas, ser más eficiente y poder recibir recordatorios automáticos. Obtenemos clientes más satisfechos y fidelizados y evitamos el típico problema de tener archivos y datos duplicados por todas partes (¡que siempre resulta frustrante!). Demostramos proactividad porque queremos entender su realidad.*
- *Un NO no significa un NO para siempre. El CRM nos ayudará a recordar que podemos volver a contactar más adelante con clientes potenciales.*

PLAN DE ACCIÓN

Ten en mente a tu cliente ideal. Y no, no me digas que el «cliente ideal» no existe, porque seguro que te lo has encontrado alguna vez. Es aquel con quien tienes feeling, *que no regatea y siempre paga al día, con quien os entendéis enseguida... aquel con quien te encanta trabajar. Sabes a qué me refiero, ¿verdad? Pues si tienes en mente este cliente ideal, le pones nombre y desarrollas el mensaje y los textos pensando en él, en las cosas que le preocupan... El mensaje llegará mucho más y será muuuucho más efectivo. Este ejercicio te irá bien cuando tengas que preparar textos de venta (sabrás imitar su forma de hablar) y cuando tengas que decidir determinadas acciones (como, por ejemplo, en qué periódico es prioritario anunciarte porque es el que lee tu cliente ideal). El objetivo es atraer clones de tu cliente ideal. Y la manera de hacerlo es conocerle bien, aprender a leer su mente y reflejar su estilo en tu conversación, en tu web...*

6. CÓMO DARTE A CONOCER Y LANZARTE AL MERCADO

CAJA DE HERRAMIENTAS QUE CONSEGUIRÁS EN ESTE CAPÍTULO

- *Cómo transmitir la marca de una manera humana.*
- *Cómo sacar el máximo potencial a tu establecimiento y a los* flyers.
- *Cómo estructurar y posicionar una web. Conocimientos básicos de SEO.*
- *Cómo ganar dinero con una web.*
- *Cómo vender más a través de redes sociales y* newsletters.
- *Cómo definir un calendario de contenidos.*
- *Técnicas de* copywriting*: el* storytelling.

¿Qué, nervioso? Llega la hora de salir del armario y ponerte a vender. Porque no te puedes quedar quieto esperando que lleguen los clientes, no... ¡La cosa ya no va así! Hoy en día, todo está saturado y hay sobreoferta. Te toca salir a la calle a buscar a los clientes: encontrarlos es trabajo tuyo, no a la inversa. Porque puedes tener el mejor producto del mundo pero, si la gente no lo sabe, no venderás un pijo.

Eso es lo que consigues con el marketing. Y tendrás que enamorarte de él, porque gracias al marketing conseguirás que tu empresa sea rentable. ¿Y qué es el marketing? Pues satisfacer las necesidades de la gente a cambio de un producto o servicio.

Permíteme exponer algunas reflexiones antes de empezar, porque no quiero que asocies marketing con estrategias chungas, como si te tuvieras que convertir en un tiburón de Wall Street.

MITOS Y REALIDADES SOBRE EL MARKETING

Mito:

Ahora que ya tengo el producto desarrollado, empezaré a hacer marketing.

Realidad:

El marketing empieza en el mismo momento en que nace tu idea de negocio, cuando piensas en el cliente, en las necesidades que cubrirás... Y tooodos los trabajadores hacen marketing, no sólo un departamento específico. Todo está interconectado.

Por tanto, no tiene sentido plantearse el marketing como un champiñón, como un parche que añadimos cuando las cosas nos van mal. No puedes decir: «¡Esta semana apretaré con el marketing y listos!».

Siempre tenemos que estar haciendo marketing, porque es sinónimo de pensar en nuestro usuario y de crear valor para que la gente compre. Es sinónimo de oportunidades.

Constantemente tenemos que evaluar y redefinir nuestra estrategia. Y debemos tenerlo previsto en nuestros presupuestos, entendiendo el marketing como una inversión —y no un gasto— que nos ayuda a crecer mucho más deprisa.

Si la comunicación y el marketing están bien hechos, no deben suponer un gasto inútil, sino que tienen que ser una inversión y te tienen que reportar resultados.

Mito:

El marketing es ególatra y va de hacerse autobombo. A mí esto de la autopromoción no me gusta ni un pelo.

Realidad:

No es una cuestión de ego, sino justo lo contrario, de generosidad, porque quieres compartir con los demás aquello que haces, la solución que tienes a sus problemas. ¿Verdad que si tuvieras la cura para el cáncer no dudarías en comunicarlo? Pues que no te dé miedo compartir el negocio que has creado con toda la pasión del mundo, igual que recomiendas una película o un restaurante que te encanta.

Mito:

El marketing es una cosa sucia, es cosa de estrategas.

Realidad:

Fíjate en que el marketing es intrínseco al ser humano. Todos «vendemos» algo, todos queremos influir, convencer; no me negarás que todos estamos encantados cuando la persona que nos gusta nos hace caso...

Asegúrate de que tu marketing, de que la manera de comercializar lo que haces, te hace sentir bien y de que tu mensaje está alineado contigo y con la personalidad de tu marca.

¿QUIERES HACER UN MARKETING MÁS CONSCIENTE?

- *Antes que nada, da, aporta valor.*
- *Y trabaja muy cerca de la gente, ayudándoles a tomar decisiones inteligentes.*

Así que si eres de los que ve el concepto de marketing o de ventas como una cosa mala... ¡cambia de chip! Porque, si no, no ganarás ni un duro. Y porque hay maneras de hacer marketing que son más humanas, te lo prometo.

A continuación repasaremos los diferentes canales, soportes y estrategias a través de los cuales te darás a conocer y venderás.

ESTABLECIMIENTO

Tener una buena ubicación es fundamental. Si a priori te parece que tener un local bien situado es una inversión innecesaria, piensa que lo que te hayas ahorrado yendo a parar a un local más escondido te lo acabarás gastando después en promociones. Escoge un lugar céntrico en el que haya flujo de tus clientes ideales (por ejemplo, en medio del casco histórico, donde no hay más que turistas, no se te ocurra abrir una pescadería, porque la gente no vendrá a pegarse codazos con los guiris para comprar).

Aprovecha todos los soportes para comunicar: cuelga premios y apariciones en prensa en las paredes, fotos con clientes famosos...

Si vendes productos, *estudia bien su disposición*: si eres barato, coloca la caja registradora cerca de la entrada para que la gente de la calle vea las colas que se forman para pagar (seguro que has experimentado que la gente llama a más gente), y si vendes caro, pon la caja lejos para que tengan que recorrer toda la tienda, viviendo toda la experiencia: coloca la nueva colección en la entrada, monta un *corner* con los excedentes de final de temporada...

Si, por ejemplo, abres un restaurante, dedica un pequeño espacio del establecimiento a la gente que quiera comprar tus productos para llevárselos. Esto ofrece una experiencia mientras están en el restaurante, pero también cuando llegan a su casa, donde continuarán recordando tu marca. Y así será más fácil que te recomienden, sea a conocidos o a través de webs como Tripadvisor (www.tripadvisor.es).

Crea toda una atmósfera con música, luz... que predisponga a comprar.

Hay una marca americana de ropa para adolescentes, Hollister, que decora sus tiendas como si fuesen una cueva muy ruidosa: oscuras, con música muy alta... ¿Por qué lo hace? Porque los padres nada más entrar se agobian y tienen que salir fuera a esperar a los hijos mientras estos compran (lo que se traduce en un gasto más alto del ticket medio). No es casualidad que, justo al lado de la tienda, haya un Starbucks, donde los mayores se pueden esperar tranquilamente...

Si la gente acude con niños a tu negocio, *habilita una zona para niños* para que los padres puedan comprar tranquilos y consumir más.

Los detalles marcan la diferencia.

Ten un formulario junto a la caja para que la gente se pueda subscribir al *newsletter* (en los anexos encontrarás una plantilla).

Ahora bien: según el tipo de negocio que tengas, si puedes saltarte el paso de tener un local, mucho mejor, porque te ahorrarás mucho dinero. Siempre podrás alquilar salas por horas, ofrecer el servicio *in company*, etc.

LA ATENCIÓN AL CLIENTE

El buen marketing es el que consigue ganar un cliente y logra que este repita con frecuencia. No se trata de ganarlo y olvidarlo. Al contrario, **una vez tienes un cliente, cuesta mucho menos esfuerzo, dinero y tiempo fidelizarlo que conseguir uno nuevo.**

Y no se trata de dar una tarjeta de fidelización y listos, ¡no! Se trata de aportar valor añadido constantemente para recordarle que ha tomado una buena decisión al optar por trabajar contigo.

Para crecer, por lo tanto, es vital retener a los clientes. Apunta, apunta, que ahora te daré algunas ideas para mejorar la relación con ellos (partiendo de la base, claro está, que tienes un muy buen producto y servicio, porque estamos hablando de crear empresas honestas e íntegras):

* *Cuando entra un cliente, no se trata sólo de decir «hola» y continuar jugando con el móvil. No, no basta. Debemos hacerle vivir una experiencia y proporcionarle soluciones.*

Sé proactivo y establece una relación con los clientes más allá de la venta. Trabajamos para superar sus expectativas.

El otro día fui a comprar ropa. Es una cosa que me horroriza, porque, además, los espejos y la iluminación de los probadores tienen la virtud de sacar lo peor de nosotros mismos. Ir a comprar ropa sola es un desastre: tienes que salir del probador hecha un cuadro para buscar una talla más porque los pantalones te quedan pequeños, mientras dejas el bolso dentro del probador y lo vas vigilando de reojo... En resumen, una situación muy incómoda.

Pero esta vez fue diferente. Porque me encontré una dependienta que estaba pendiente de mí, que me iba a buscar las tallas que necesitaba y que no me decía que todo me quedaba bien aunque pareciera un chorizo.

—¿Para que necesitas la ropa? ¿Algún estilo concreto? —me dijo.

—Presento un acto en un auditorio.

A partir de ahí, me empezó a preparar combinaciones. ¡Para una persona como yo, que odia el shopping, *fue el oasis de las compras! Y cuando ya lo teníamos todo terminado, se llevó la ropa hacia la caja para que me acabara de vestir tranquila (un buen truco para que yo, como compradora, no me echara atrás).*

Un par de días más tarde, recibí un mail *de esa tienda (tenían mis datos gracias a la tarjeta cliente): «Deseamos que el acto fuera muy bien. ¡Te esperamos pronto!». Pooooor favor, ¡eso es atención al cliente! ¡Estoy por tatuarme su marca en el brazo!*

Haz cosas pequeñas pensando en grande. Hay pequeños grandes gestos que convierten las cosas más normales en extraordinarias.

* *Como consumidores no nos queremos sentir ni presionados ni ignorados. Cuando detectes a un cliente potencial, cuídalo y personaliza el trato tanto como puedas.*
* *Nos encanta estar en la lista de VIPs. Crea un programa o un grupo privado para los clientes ideales donde ofrezcas servicios exclusivos, premios, regalos...*
* *Acompaña al cliente en todo el ciclo de ventas: planifica y calendariza esta relación en la preventa, la venta y la posventa.*

Imagínate que eres programador. Como las leyes y normativas cambian constantemente, tienes una excusa buenísima para contactar con antiguos clientes y decirles: «Recuerda que tienes que renovar el aviso de cookies *si no quieres que...».*

Si eres fotógrafo y cubres muchas bodas, al cabo de un tiempo te puedes ofrecer a estas parejas para hacerles fotos del embarazo, de los bebés...

* *Contacta con los clientes inactivos, pregúntales por qué han dejado de comprarte y demuéstrales que todavía eres la mejor opción.*
* *Las quejas son un regalo. Verás: el 96 % de los clientes insatisfechos no se quejan; así que, si abres un canal de comunicación para este tipo de mensajes, puedes conseguir una información valiosísima y el cliente te estará dando una segunda oportunidad. Reenamóralos y los tendrás fidelizados. ¡Ah! Y una vez hayan emitido una queja, escríbeles para comprobar que se ha solucionado.*

El boca a boca que generan los clientes no tiene precio: recuerda que los consumidores satisfechos repiten, mientras que los insatisfechos escriben en las redes sociales poniéndonos verdes.

Piensa que, gracias al hecho de tener buenos contactos, de cuidarlos, puedes conseguir que te recomienden. El boca a boca es IM-PRES-CIN-DI-BLE. Y no lo dejes al azar, no; adopta un papel activo y dile a la gente que deje su testimonio en tu web o en Linkedin o que, si te recomiendan de la forma que sea, tendrán un regalo en la próxima compra.

Que una persona te recomiende un producto o servicio es mucho más eficaz que un anuncio de publicidad. Así pues, crea espacios donde la gente que quiera pueda compartir lo bueno que eres, ya sea con recomendaciones, con RTs de Twitter...

Un cliente contento es tu mejor prescriptor y tu mejor comercial.

TARJETAS DE VISITA, PAPELERÍA, FLYERS...

Como otros muchos consumidores, yo no soy muy de papeles, así que no te recomendaré que inviertas demasiado en este apartado.

Si te gastas pasta, procura que lo que hagas sea original y tenga una imagen homogénea respecto al resto de canales comunicativos: es decir, que siga el mismo diseño de la web, por ejemplo.

No pienses en una tarjeta de visita convencional. Hazla de una medida diferente, con un tipo de papel menos habitual, aprovecha las dos caras...

Cuando me dan una tarjeta de visita, automáticamente vuelco los datos en el Gmail y la tiro, porque con los años me he dado cuenta de que nunca uso el tarjetero. Pero, en cambio, si me dan una tarjeta que es una pegatina curiosa, o un imán... la cosa cambia, porque le encuentro una utilidad.

Los pósters sí que me los miro y, si son chulos o están en lugares clave, me llaman la atención.

Y los folletos... pues depende. Si me los encuentro en el buzón, ni me los miro; como tampoco me miro la mayoría de los que me dan en mitad de la calle. Me sabe mal por el dinero que se deben de estar gastando las marcas, pero para clientes como yo el buzoneo o el reparto indiscriminado no sirve. Por lo tanto, estos negocios no están consiguiendo conversión, porque al público de mi estilo no se le capta así.

Sí que me miro los *flyers* que encuentro en lugares estratégicos. Por ejemplo, si voy a clase de yoga y veo publicidad de un restaurante vegetariano, le dedico mi atención, porque sé que el profe de yoga escoge con mucho cuidado lo que recomienda (sabe que hace de prescriptor).

RELACIONES PÚBLICAS

... Y cuando digo «relaciones públicas» no pienses en un chaval que reparte chupitos gratis para una discoteca, no...

Las relaciones públicas son muy importantes y te ayudan a ampliar tu red de contactos, a menudo sin inversión monetaria, sólo dedicándole tiempo.

El primer paso es tener todas las acciones, cualquier campaña, planificada para que no se te eche el tiempo encima. Tienes que saber qué promociones harás por Navidad o los meses que serán más críticos en cuanto a ventas... Hace falta tener una especie de lista de la compra, un calendario, con todo lo que harás. Obviamente, no podrás tenerlo todo milimetrado, pero sí que podrás tener una mínima previsión.

Frase real de uno de nuestros clientes: «Hasta ahora no teníamos una planificación; íbamos dando golpes de ciego, haciendo cosas sin ton ni son con un retorno miserable».

Organiza actos, formaciones, talleres... ya sean de pago o gratuitos. **Captarás clientes potenciales, fidelizarás a los clientes actuales e incluso atraerás la atención de los medios de comunicación.**

Y es que es importante tener en cuenta a los periodistas. No quiero decir que a la primera de cambio invites a la tele, pero quizás sí que podrás hablar con el periódico regional o la radio local. Esto te ayudará a llegar a mucha más gente con una sola acción. Y si encima cuelgan la noticia en su portal, mejorará tu posicionamiento y tendrás muchas más visitas.

En los anexos encontrarás un modelo de nota de prensa. Porque tienes que hablar el mismo idioma que los periodistas y no les puedes mandar un *e-mail* y Santas Pascuas. Intenta facilitarles el trabajo. Conocer cómo funcionan los medios de comunicación por dentro requiere años, pero aquí tienes algunos consejos que te pueden servir:

- *Debes tener en cuenta qué es noticia y qué no. Si quieres que escriban una noticia relacionada con tu empresa, el tema tiene que contener el mayor número posible de los «ingredientes» siguientes: inmediatez, proximidad, singularidad, conflicto, consecuencias, prominencia y atractivo emocional.*
- *Tienes que escribir de manera clara y con sustancia, respondiendo las seis preguntas básicas: ¿Quién? ¿Qué? ¿Cómo? ¿Dónde? ¿Cuándo? ¿Por qué?*
- *Identifica a los medios de comunicación con los que contactarás. Ten en cuenta tanto los medios generalistas como los especializados (hay revistas de sectores profesionales concretos, periódicos económicos, diarios regionales...). Además, los grandes medios de comunicación*

tienen departamentos o periodistas especializados en temas como salud, educación... Consigue el contacto más concreto posible.

- *Cada medio de comunicación tiene su rutina. Tenlo en cuenta cuando te relaciones con ellos para que tu contacto sea más efectivo. Por ejemplo, no llames a la radio mientras se emite el informativo en directo o a un periódico cuando estén cerrando la edición por la tarde.*
- *Ten presente que crear un apartado específico de la web para periodistas, lo que se denomina «sala de prensa», puede ser muy útil. Incluye el dossier de prensa, las notas de prensa que envíes y fotografías de calidad.*
- *Cuando acabes la acción, haz el* clipping *de prensa para evaluar si la estrategia ha funcionado y si has salido en los medios de la manera que querías.*

Piensa que las relaciones públicas no tienen por qué ser acciones solamente presenciales: pueden ser *online*. Puedes montar, por ejemplo, un *webinar*, que es una formación tipo *masterclass* a distancia. Herramientas como Google Hangouts (https://plus.google.com/hangouts) y Skype (www.skype.com) te pueden resultar muy útiles, porque permiten hacer encuentros de grupo.

Participa en acontecimientos de *networking*, en ferias... y amortiza estas acciones al máximo, concertando citas previamente, ofreciendo charlas... Pero, cuidado: si estás pensando en invertir en algún acontecimiento, asegúrate de que tienes claro lo que quieres conseguir (¡recuerda que los objetivos tienen que ser cifrables!). Pagar para que te pongan un logo en el *photocall* no equivale a rentabilidad, a conversión, a beneficios, porque quizás es tan pequeño y hay tantos que ni se ve. Asegúrate de tener un retorno llegando a tu público potencial.

***Post-it* mental: que incluyan tu logo en un acontecimiento o en una feria no equivale a rentabilidad; hace falta una estrategia.**

Y organiza actos con un trasfondo social y cultural potente. Son acciones de Responsabilidad Social Corporativa (RSC), en los que se mostrarán los valores de tu empresa.

Ten en cuenta también a los líderes de opinión, los colegios profesionales, las agrupaciones, las asociaciones del gremio... Son una manera de llegar rápidamente a mucha gente. Piensa que, gracias a este «ecosistema», puedes abrir nuevas líneas de financiación, como el marketing de afiliación: una persona, por ejemplo, te recomienda en su boletín electrónico a cambio de una comisión.

Es importante tener la agenda llena de buenos contactos. Conviértete en un conector de personas y eso te hará invencible. Y estos vínculos, cuídalos y ten una relación sincera, no por interés.

Y después de todas las acciones de relaciones públicas, no te olvides de evaluar:

- *¿En cuántas ventas se ha traducido cada acción?*
- *¿Cuántos nuevos contactos has conseguido en medios de comunicación?*
- *¿Y en las redes sociales?*

No hagas una estrategia de promoción, de relaciones públicas, sin ton ni son. ¿Cómo se traducirá en ventas, en beneficios?

PATROCINADORES Y GENTE QUE PONGA PASTA

¿Quieres encontrar inversores, quieres convencer a grandes empresas para que sean tus patrocinadores?

En la vida y en los negocios, no puedes ayudar a nadie si no te ayudas primero a ti mismo. Así que el primer paso es ser muy profesional y dar una imagen potente, tener la clientela segmentada y conocerla perfectamente (los hábitos de compra, los medios de comunicación que lee...), tener una marca susceptible de generar una base de fans y que tu producto o servicio les cambie la vida de una manera positiva.

A continuación, elige a las empresas con las que hablarás. Seguramente son aquellas que tienen un público o intereses similares a los tuyos.

Una vez tenemos esto, hay que preparar una propuesta para los patrocinadores (si no, no hace falta ni que lo intentes). Tiene que ser convincente:

- *Puedes incluir una historia que explique cómo ha cambiado la vida de alguien gracias a tu empresa. Hará que tu propuesta sea más interesante y crearás una conexión emocional.*
- *Describe lo que haces y tu misión.*
- *Haz una lista de los beneficios que conseguirá el inversor o patrocinador colaborando contigo, de una manera concreta.*

No digas: «Te daré presencia en medios de comunicación». No. Tienes que poder decir: «Aparecerás en la revista de negocios de la ciudad tal, con una tirada de 60.000 ejemplares y que tiene lectores con un sueldo anual de 30.000 euros al año».

- *Muestra las diferentes aportaciones económicas que puede hacer y plantea las colaboraciones a medio o largo plazo, para que no te veas constantemente en la necesidad de buscar nuevos patrocinadores. ¡Estás construyendo relaciones!*
- *Tu interlocutor debe tener cierto peso en la empresa, puesto que se trata de una cuestión de pasta. Empieza por el departamento de marketing.*

* *Habla claro. Si hay alguna información que no puedes proporcionar, explica por qué.*
* *Haz un seguimiento de todos los contactos (*mail *+ llamada).*

(En el apartado de anexos encontrarás un modelo de dossier de patrocinio que te puede ayudar.)

Una vez hayas conseguido el patrocinio (¡te irá genial para crecer todavía más!), incluye los logotipos de los patrocinadores en tu web. Te aportarán credibilidad. Cuídalos y mantente periódicamente en contacto con ellos.

WEB/BLOG

Empezamos el apartado de canales de comunicación digitales, ordenados de mayor a menor importancia. Y ya sé que me preguntarás: «Pero, ¿hace falta que tenga web? ¿No basta con tener Facebook?». **Debes tener una web y es mucho más importante que el Facebook.** Ya lo irás viendo, confía en mí.

Puedes escoger tener una web estática, sin actualización periódica. Este espacio será como una tarjeta de visita, pero virtual. No te posicionará tan bien en los buscadores, porque, como no crearás contenidos nuevos periódicamente, «pesará» menos, como un armario con poca ropa, pero te dará menos trabajo.

O bien puedes escoger una web dinámica, en la que colgarás contenidos nuevos regularmente. No puedo negar que estas son mis preferidas, porque son las más atractivas, las que te dan contenidos útiles y te fidelizan como lector y, por lo tanto, como consumidor potencial. Me gustan especialmente las que tienen un apartado de noticias o un blog en portada, porque facilitan las cosas al usuario y le dicen: «¡Eh! Vete pasando por aquí porque tengo muchos contenidos para ti».

Blog → Tono más cercano

Noticias → Tono más informativo

La generosidad es fundamental en el marketing de contenidos. Y esto reinvierte en la construcción de tu marca.

Fíjate que pongo la web y el blog juntos, en la misma plataforma. Si los tienes por separado, las dos plataformas entrarán en conflicto por el posicionamiento y siempre acabará ganando el blog, porque «pesará» más gracias a la actualización periódica.

Tienes que escoger entre una web dinámica o estática en función de los objetivos estratégicos que tengas.

Una vez hayas decidido lo que necesitas, **tienes que dibujar con lápiz y papel la estructura que quieres que tenga.** Como una especie de árbol genealógico, para que nos entendamos: el menú superior (si es horizontal mejor, por temas de posicionamiento), el logotipo corporativo a la izquierda, el apartado de contacto a la derecha, los logos hacia redes sociales...

Además, como hemos dicho antes, hace falta que generemos **credibilidad**. Incluye una sección de testimonios que den muestras de cómo les ha cambiado la vida trabajar contigo, o añade logotipos de premios que hayas conseguido, o de *partners* y asociaciones con las que colabores, o de las certificaciones y sellos de calidad que tengas. También puedes hacer demostraciones de cómo funciona tu producto o servicio con vídeos o imágenes. En definitiva, cuando dibujes la estructura de tu web, piensa que **es importante darle valor a las cosas e, incluso, resolver las objeciones antes de que te las planteen.**

Piensa que la gente dedica muy poco rato a cada web y acostumbra a hacer unos tres clics de media. ¡Dales la bienvenida a tu casa virtual y guíales!

Y yo de ti no me olvidaría de añadir un apartado de inscripción a la *newsletter* (el boletín electrónico, el *mailing*, llámalo como quieras...). Después te explicaré todas sus ventajas. Tampoco te olvides de añadir una barra de compartición bajo tus *posts* para que sean más virales y para que la gente los mueva en las redes, por correo electrónico, los pueda imprimir...

No te olvides de incorporar los tres avisos legales:

- *El aviso de protección de datos (LOPD) en todos los formularios, como el de contacto y* newsletter.
- *El aviso legal (normalmente se pone al pie de la web) que te identifique con nombre, dirección, NIF...*
- *El aviso de* cookies, *para informar al visitante de que estás rastreando sus datos a través de herramientas como Google Analytics.*

Cuando tengas este dibujo con la jerarquización de contenidos hecha tienes que escoger si prefieres ir al Zara o al sastre (ya imagino la cara que has puesto: «¿Eing?»). Me explico: puedes escoger una web prefabricada, como los pantalones de Zara, que, como mucho, tendrás que acortar, o puedes escoger una web hecha a medida por un sastre/programador.

Yo empecé creándome yo misma un Wordpress (www.wordpress.com) (que es una herramienta que tiene una versión gratuita y una de pago y le gusta mucho a Google) y, con los años, lo he ido puliendo con diseñadores y programadores profesionales. También te recomiendo herramientas como Joomla (www.joomla.org) y Drupal (www.drupal.org), pero en estos dos últimos casos seguramente necesitarás echar mano de un programador. Las tres son soluciones estándar que no te obligan a «casarte» por siempre jamás con ninguna empresa. Además, tienes un gestor de contenidos a través del cual tú mismo te puedes actualizar la web, cosa que te permite reducir costes (hay webs en las que para cambiar una coma ya tienes que llamar al programador).

Así que elige el ***software*** y procura que sea una **web *responsive***, es decir, que se pueda adaptar y leer en ordenadores y tabletas, móviles...

Es imprescindible que tengas alguna **herramienta para controlar las visitas de la web**, como por ejemplo Google Analytics (www.google.com/analytics), que es gratuito. Porque he visto a muchísima gente que se ha gastado una pasta en una web y eso se ha traducido en cero clientes; por lo tanto, necesitas una herramienta que te dé cifras para valorar si vas por buen camino.

Supongamos que tienes un restaurante. ¿Cuántas reservas te han llegado a través de una web? ¿Y de las redes? ¿Piden lo mismo y se gastan lo mismo los usuarios que te han conocido online*?*

¿EN QUÉ COSAS BÁSICAS TENGO QUE FIJARME EN GOOGLE ANALYTICS PARA CONOCER EL RENDIMIENTO DE MI WEB?

- *Visitas recibidas: mira cuántas visitas tienes al cabo del mes y cuántos registros de nuevos usuarios.*
- *La permanencia del usuario en tu web y cuántas páginas mira de media: sirve para ver si tienes al usuario fidelizado y si lo retienes bastante tiempo. Aquí entran en juego la usabilidad (que sea fácil navegar) y la utilidad que tiene para el usuario; piensa que, si la web funciona bien, le gusta al usuario y mejora su posicionamiento o SEO.*
- *Porcentaje de rebote: ¿el usuario llega a la* home *y se va? Ese es el porcentaje de rebote. Cuanto más alto, más peligro.*
- *Desde dónde se conectan los usuarios.*

- *Cómo llegan a tu web, cuántas visitas orgánicas tienes (es decir, que llegan sin pagar) y cómo van creciendo o disminuyendo, así como su temporalidad.*
- *Qué otras páginas visitan.*
- *Tiempo medio de carga y rendimiento: si tarda más de 4 segundos en cargarse... ¡no nos gusta! El tiempo de respuesta de tu web es importante.*

¿Por qué es importante para un pequeño empresario como tú y como yo evaluar todo esto?

La web tiene que ser un vehículo de conversión y hay que medir si tu marketing funciona. A veces, cambiar el color de un botón puede suponer el doble de visitas. Hay pequeños cambios que te ayudarán a ganar mucho más y, por lo tanto, estarás optimizando la tasa de conversión (CRO).

Una vez, mientras asesoraba a una pequeña empresa de organización de eventos de Girona, detectamos que la mayoría de visitas que recibía su web eran de Madrid. ¡Pero ellos no organizaban fiestas ni bodas más allá de la Costa Brava! Controla las métricas para asegurarte de que recibes visitas útiles.

Y no te olvides de **comprar buenos dominios:**

- *Escoge un nombre fácil de recordar y de escribir para que la gente te encuentre sin problemas.*

- *Que el nombre de tu empresa no se parezca al de otra; si no, siempre tendrás problemas de posicionamiento porque estarás compitiendo con ellos, que, por el hecho de haber llegado antes, tendrán ventaja.*
- *El nombre también tiene que estar libre en las redes sociales como Facebook, Twitter... ¿Qué ganas con esto? Pues tener una imagen más homogénea y facilitar a los clientes que te encuentren sin problemas.*
- *Cuando compres los dominios, protege tu marca y compra todas las extensiones: .com, .es... Así evitarás que otra empresa las compre y se posicione mejor. No te preocupes, porque puedes tener distintos dominios y redireccionarlos todos hacia tu web.*
- *Piensa también que la gente puede hacer faltas de ortografía a la hora de escribir el nombre de tu empresa. Si, por ejemplo, puede haber confusión entre V y B, compra los dos dominios y redirecciónalos para no perder visitas.*
- *Ten en cuenta las palabras clave que la gente buscará en Google para encontrarte. Así podrás ser estratégico y comprar dominios que te ayuden a captar este tráfico.*

Imaginemos que Pablo Lozano es fotógrafo. Acaba de montar una empresa por su cuenta y poca gente le conoce; por lo tanto, es complicado que la gente busque directamente su nombre en Google, sino que buscarán su servicio. O sea: que no buscarán «Pablo Lozano» directamente, sino «*fotógrafo*». *Por eso, Pablo ha comprado diferentes dominios: www.pablolozano.com, www.fotografo.com y www.pablofotografo.com. Un buen recurso, ¿no?*

Piensa que el hecho de comprar un dominio no te exime de registrar tu marca en el Registro de patentes y marcas (www.oepm.es).

Y si a la larga ves que el nombre no acaba de funcionar, no te preocupes, porque siempre puedes hacer un proceso de *rebranding* (una especie de renovación de la marca) y cambiar de dominios.

¿Y CUÁNTO CUESTA UNA WEB?

- *En el momento de escribir este libro y partiendo de una web compuesta de unas 3-4 páginas y sin muchas filigranas, hablamos de unos 1.000-1.500 euros de inversión, más unos 150 euros anuales de alojamiento y el coste de cada dominio (unos 10 euros).*
- *Pero, inicialmente, puedes optar, como hice yo, por la versión gratuita de Wordpress y hacértela tú mismo (en Youtube encontrarás un montón de tutoriales sobre la materia). Las opciones de diseño son limitadas, pero prácticamente cualquiera puede hacerlo. Sólo te recomiendo que inviertas en un dominio propio comprado a una empresa que tenga una buena atención al cliente y, así, si necesitas ayuda, te ayude a instalarlo.*

Y si has optado por una web dinámica, hace falta que trabajes tu calendario editorial con los contenidos periódicos que nutrirán tus noticias o tu blog y que, posteriormente, se compartirán en las redes y en el boletín.

El flujo de información será el siguiente: cogemos el nuevo artículo de la web/blog y compartimos el enlace –con texto (y foto)– en las redes sociales, en la *newsletter* y en otras plataformas, como por ejemplo directorios. El hecho de mover este enlace atrae tráfico hacia la web (donde se cierra la compra) y nos ayuda a posicionarnos.

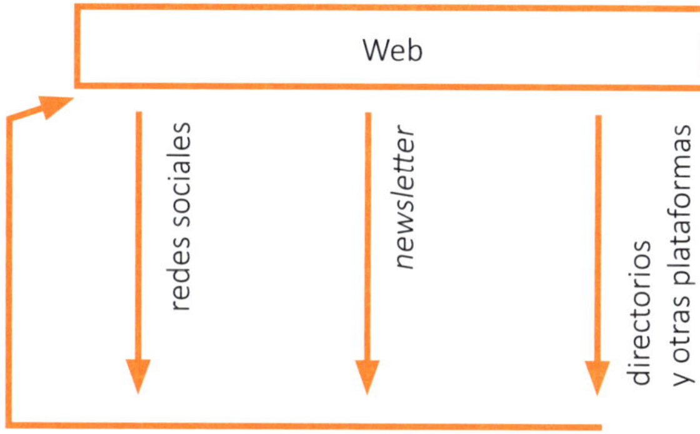

Los contenidos que ofreces en tu web te tienen que gustar tanto como para seguir escribiendo una semana tras otra, sin perder chispa, y, sobre todo, le tienen que gustar a la gente. **Además, estos textos tienen que convertir a los lectores en clientes y, por lo tanto, animar a la gente a que haga determinadas acciones y entre en tu embudo de ventas.**

Así que, si sólo te centras en ofertas y promociones, no fidelizarás a los lectores. La gente espera contenido útil y humano (nos gusta ver lo que pasa entre bastidores, pero sin caer en el *egoblogging* de explicar incluso cuándo vas al baño).

PREGÚNTATE...

- *¿Qué le interesa a mi público?*
- *¿Qué busca?*
- *¿Qué quiere leer?*
- *¿Con qué tono?*
- *¿Cómo le puedo entretener?*

Taladros Bosch no habla sólo de producto y precio. Lo que hacen, tanto en las redes como en el boletín electrónico, es explicarte, por ejemplo, cómo montar la casita del perro. ¡Y sí, evidentemente, necesitarás lo que ellos venden! Pero te lo presentan de una manera disimulada y tú te lo lees porque te interesa lo que explican. Y por eso abres su newsletter *cada semana.*

Recuerda el ejemplo que hemos explicado antes sobre Popeye y el *branded content*.

Con contenidos buenos y bien construidos:

- *Tendrás los argumentos de venta a punto y ganarás tiempo.*
- *Generarás confianza y estarás invirtiendo en la creación de tu marca: dejarás de ser una «mercancía» para ser un «experto» (fíjate en que las empresas de alimentación buscan chefs conocidos para sus anuncios, en los* spots *de medicamentos aparecen actores con bata blanca para dar imagen de autoridad...).*
- *Estarás demostrando tu* know-how.
- *Ganarás en visibilidad y diferenciación respecto de la competencia.*
- *Reducirás el tiempo y el gasto en atención al cliente, porque un mensaje muy pensado servirá de filtro y hará que sólo te lleguen tus clientes ideales.*

Invertir en la creación de mensajes es invertir en *marketing de contenidos*, haciendo pedagogía y dando argumentos a tus clientes para que decidan de una manera inteligente y libre. Piensa que nos ENCANTA comprar lo que sea, pero ODIAMOS que nos vendan cosas (cuando entramos a una tienda y el dependiente se nos echa encima, le cortamos rápido mientras refunfuñamos: «Sólo estoy mirando, gracias»). Así te estarás ganando a tu audiencia. Invertir en un blog es el primer paso para prescindir de los «jefes» ;-)

Ten en cuenta, además, que las nuevas generaciones necesitan que les ofrezcamos contenidos constantemente. El National Center for Biotechnology Information ha calculado que los jóvenes norteamericanos pueden mantener la capacidad de atención 8 segundos (en el 2000 eran 12). Esto quiere decir que los cerebros se están adaptando para procesar más información en menos tiempo y que las informaciones se tienen que dar en píldoras más pequeñas. Se necesitan contenidos que constantemente funcionen como un imán y hay que suministrarlos más deprisa.

Y todos estos textos se traducen (¡ohhh, sí!) en un mejor posicionamiento en buscadores como Google. Así, cuando la gente busque productos/servicios como los que tú ofreces, te encontrarán más fácilmente.

¿CÓMO TIENEN QUE SER LOS CONTENIDOS?

Lo cierto es que la forma ha cambiado mucho respecto a lo que nos enseñaron en el cole.

En internet hablamos de tú, dando órdenes, con imperativos como *descarga, clica*... Son **llamadas a la acción que buscan la conversión,** para conseguir que las visitas hagan y sientan aquello que nos hemos propuesto. Así, pues, los textos llevan intrínseca **una intención, un objetivo.**

También planteamos muchas **preguntas directas:** «¿Te ocurre a veces que...?», «¿Necesitas...?». Queremos construir relaciones y conversaciones.

Refleja el tono y la personalidad de tu marca en el mensaje (en los textos, las imágenes...). ¿Por qué tenemos que escribir como si fuéramos enciclopedias? ¿Por qué tenemos que redactar currículums aburridos? Si yo te digo que soy «especialista en comunicación y marketing», a palo seco, seguro que no te llama tanto la atención como si te digo que «ayudo la gente a vender más en menos tiempo para que puedan ganar en calidad de vida», ¿verdad? Lo mismo ocurre con las imágenes: ¿qué vende más, la imagen de un sofá solo o la imagen de una familia en el sofá haciendo una guerra de almohadas? Humanicemos y demos vitalidad a nuestra comunicación.

Sé auténtico, no imites, porque, si no, no podrás mantener siempre el tono. Todo esto configura tu marca, la humaniza. Y no intentes ser diferente en internet de como eres en la vida real. Tu personalidad *online* tiene que ser un reflejo de tu personalidad real.

Incluso los mensajes automatizados (como el del contestador), intenta que sean lo más humanos posible.

Elabora un mensaje claro, con sólo un par de ideas importantes (la gente se agobia cuando se encuentra con muchas ideas y no las puede retener). Haz lo mismo que harías en una cita: **céntrate en el otro, escúchale y destaca las razones por las que te tiene que escoger a ti.** Utiliza palabras clave que lo evidencien como *ganarás, ahorrarás, dominarás*... No te centres tanto en las características del producto o del servicio en sí, o en tu marca, porque eso no enamora, y porque el consumidor no quiere productos, sino soluciones que mejoren su calidad de vida.

Si, por ejemplo, eres entrenador de fútbol infantil, puedes explicar los valores que el deporte aporta a los chavales, como la responsabilidad, el trabajo en equipo..., y que les ayudarán a construir su futuro. ¿Ves como este mensaje va mucho más allá y conecta con los padres?

Otro ejemplo de la diferencia entre «hablar» y «mostrar»: cuando era más joven, vestía con ropa muy pero que muy ancha. Esto ponía frenética a mi madre (¡y con razón, porque era un atentado estético importante!). Ella venía y me decía: «Ponte esto» y me daba unos pantalones más estrechos, pero yo me ponía como una moto y pasaba de sus propuestas. Pero si, por casualidad, algún día me ponía unos pantalones más estrechos y el chico que me gustaba me decía: «Uau, qué bien te quedan», entonces sí que decidía ponerme ropa más estrecha. ¿Por qué? Porque interpretaba la recomendación de mi madre como una imposición, mientras que con el guaperas veía rápidamente los resultados.

Hay corrientes del marketing que defienden que tienes que apelar a los «puntos de dolor» del cliente, a sus necesidades más primarias, que ejercen de motivadores de compra. Porque... ¿verdad que los hombres no compran el desodorante AXE por su buen olor? ¿Qué les motiva a comprarlo, pues? Lo hacen por otras razones: belleza, sexualidad... ¿Y verdad que nos sentimos diferentes cuando conducimos un Clio o un Audi? Yo no soy partidaria de esta nomenclatura tan agresiva, pero sí que es cierto que tienes que detectar cuáles son las necesidades del cliente y cómo tu producto o servicio le puede ayudar.

Escribe ordenando los datos para que la explicación sea lógica e inteligible, con lenguaje muy descriptivo para que el cliente pueda imaginárselo todo. Y si tienes cifras, hazlas inteligibles. Es mucho más gráfico decir: «Había gente como para llenar dos campos de fútbol», que: «Había 198.708 personas», ¿verdad? Si le das forma de relato, de historia, ¡ya será la monda! Porque hará que la gente se identifique con lo que explicas y les resultará más fácil seguirte y entenderte. Eso es lo que se llama ***storytelling***. Nos encontramos ante un consumidor activo, que no sólo quiere escuchar: quiere ser protagonista. Así que crea espacios donde la gente también pueda expresarse e implicarse (***storydoing***): el mundo 2.0 ha nacido para esto, para poner consumidores y marcas al mismo nivel.

¡Cuidado! Eso implica tener cintura para aceptar críticas, y estar ahí a las duras y a las maduras.

Trabaja el *storytelling*, incluso del típico apartado de «quiénes somos» de tu web. Que la gente conozca el bagaje que te ha hecho llegar a ser quien eres y que esto pueda ayudarles e inspirarles.

Recuerda que hay palabras mágicas, como *gratis, nuevo, limitado*...

Todo esto es lo que se denomina ***copywriting***: cómo presentamos el mensaje sacándole el máximo partido a los textos, las imágenes, los botones... haciendo que sean más persuasivos, golosos, digeribles... y, sobre todo, que inviten a comprar. Porque podemos tener 1.000 visitas y 100 *likes* pero ingresar 0 euros al mes. ¡Y con eso no pagarás las facturas!

¿Necesitas inspiración?
Fíjate en Apple: siempre pone frases cortas con un toque moderno, se salta los verbos, pone palabras sueltas sin ni siquiera construir una frase...

Recuerdo una charla de Steve Jobs en que comparaba el grosor de un Iphone con un paquete de folios, con un CD... Era muy visual y te imaginabas rápidamente todas las ventajas que podía tener ese teléfono.

También recuerdo un anuncio con muchísimas personas corriendo en una cinta de gimnasio. Sudaban como cerdos y todos llevaban auriculares. Auriculares Apple, a prueba de sudor, de agua y de lo que hiciera falta (brrrr, ¡no me hubiera gustado el olor durante el rodaje!).

Aquí tienes un ejemplo de calendario de contenidos:

EJEMPLO DE CALENDARIO EDITORIAL

Día	Tema	Objetivo	Formato del contenido
Lunes 1	Nuevo servicio	Venta	
Lunes 8	*Guest post*	Hacer crecer la comunidad	Artículo
Lunes 15	Venta *e-book*	Venta	Primer capítulo gratuito en PDF descargable
Lunes 22	Preguntas de la gente	*Engagement*/Comunidad	Vídeo
Lunes 29	Promoción	Tráfico	Infografía
Lunes 5	Sorteo	Comunidad	
Lunes 12	Nuestra aparición en televisión	*Branding*	Vídeo
Lunes 19	Tutorial	*Engagement*	
Lunes 26	Encuesta	*Engagement*	
Lunes 5	DIY	*Engagement*	Vídeo
Lunes 12	Artículo con consejos	*Engagement*	

RUEGOS Y PREGUNTAS SOBRE WEBS

Venga, ahora te dejo que preguntes y te quejes, que te he puesto muchos deberes de golpe.

—Txell, te lo vuelvo a preguntar por si acaso. ¿De verdad necesito una web?

—Hoy en día, si tienes un negocio, tienes que tener una web. ¿Acaso conoces a alguien menor de 55 años que no utilice internet? No, ¿verdad? Si no tienes web, tendrás una fuga de clientes.

Cualquier empresa profesional debe tener una web con una buena imagen que permita a los usuarios encontrar fácilmente el negocio y ver los productos y los servicios que ofrece.

—A mí la web me la hará mi cuñado.

—No tengo nada en contra de tu cuñado. Pero piensa que una web representa un porcentaje muy importante de tu estrategia de comunicación y engloba muchas disciplinas. ¿Verdad que no irías a un médico que no estuviera titulado? Pues lo mismo con las webs. Porque el tema tiene mucha más chicha de la que te puedas imaginar.

Piensa que no se trata sólo de programar. Hay que definir una estructura que convierta más fácilmente a los visitantes en compradores (y eso es un tema de marketing, no de programación), redactar contenidos, diseñar una estrategia de campañas y promociones... Tu pobre cuñado te puede sacar momentáneamente del apuro, pero no hace milagros. Al César lo que es del César.

—Txell, ¡esto implica mucho trabajo!

—Sí. Pero funciona. Y muy bien. Siempre que proporciones información útil y, a la vez, los lectores se conviertan en compradores gracias a tus llamadas de acción y alineando los contenidos con tus promociones de productos y de servicios. ¡Planificación!

Además, escribir un blog te obliga a estar al día de lo que pasa en tu sector y a aprender constantemente.

—¿Puedo subcontratar a alguien para que me haga el contenido de la web?

—Ojito. Está muy bien que cojas a un periodista, a un *copywriter*, a un profesional para que te ayude a dar forma a los textos. Pero la chicha, la primera piedra, la tendrás que poner tú, que eres quien tiene el conocimiento de tu negocio. Lo siento, pero crear contenidos ESTRATÉGICOS requiere tu implicación sí o sí.

¿Cómo puedes crear contenidos más deprisa? Con firmas invitadas, expertos que escriban en tu blog (es lo que se llama *guest post*). O apareciendo en medios de comunicación locales y compartiendo estas apariciones en el blog.

—Ahora crearemos la web y en una segunda fase, más adelante, ya pagaremos para que nos posicionen mejor.

—Que no te vengan con milongas. El posicionamiento no es como un accesorio que se compra aparte. El posicionamiento depende, en gran medida, de la salud de tu web.

Cosas que influyen:

- *Alojamiento (el país donde está situado) y dominios (ya hemos dicho que puedes tener dominios con palabras clave que la gente tecleará en los buscadores).*
- *Código: que la web esté bien programada, sin códigos extraños, y que tenga los metadatos trabajados (me explico: los metadatos son palabras clave que se introducen en el código a medida que se va creando la web).*
- *Una estructura web lógica.*
- *Contenido web: sustancia y palabras clave relevantes para tu negocio.*
- *Enlaces entrantes a la web: desde directorios, desde medios de comunicación, desde redes sociales... Son cartas de recomendación que nos aportan tráfico. Cuanto más potentes sean las webs y blogs de donde provengan, mejor.*

Ten en cuenta que buscar tu nombre en internet y salir en primera posición no tiene mérito, *sorry!* Lo que tiene mérito y lo que te dará resultados es que la gente busque tu producto y salgas tú.

Si, por ejemplo, eres psicólogo y ofreces tus servicios en Sevilla, tienes que aparecer en la primera página de Google cuando la gente busque «psicólogo Sevilla».

Una web no se posiciona correctamente hasta que tiene unos cuantos meses de vida, así que, si quieres ganar tiempo, siempre puedes invertir en anuncios de Google (los famosos Google Adwords), que se pagan a tanto por clic (a partir de 0,21 €).

COMERCIO ELECTRÓNICO

Se trata de un tema muy serio y yo no soy una gran experta en la materia. Pero te explicaré lo que he aprendido a partir de mi propia experiencia.

Se pueden vender unos cuantos productos y servicios desde cualquier web añadiendo sólo tu número de cuenta o un botón de Paypal (www.paypal.com), que es el sistema más seguro de pago por internet.

Debes tener en cuenta que todas las cuestiones legales también son aplicables en el mundo *online*: IVA, retenciones, etc.

Y también tienes que prever cómo enviarás los productos, cuál será tu política de devoluciones y cómo asumirás este coste.

Ya ves que la cosa no es tan sencilla.

Por eso mismo, si te planteas hacer una gran inversión, hazla bien. La gente piensa que tener un *e-commerce* implica forrarse, porque te cargas a los intermediarios, pero no es lo mismo vender un boli que vender un palet entero de bolígrafos, ni vender un boli en Alcalá de Henares que venderlo en Hong Kong (ya sabes que el *e-commerce* hace que tu tienda sea accesible desde todo el mundo mundial).

Para la gran mayoría de emprendedores, el comercio electrónico es el típico príncipe azul que acaba saliendo rana.

Ten muy claro que sólo 2 de cada 100 clientes que visitan una tienda *online* acaban comprando algo. Así que, si optas por tener una tienda *online* de verdad de la buena, no hay soluciones rápidas ni económicas:

- *Escoge el tipo de plataforma según los objetivos: ¿Es sólo para un área local o una zona muy reducida? ¿O quieres que en cuatro años llegue a toda Europa? Algunos de mis clientes están muy contentos de herramientas como Magento (www.magento.com), Prestashop (www.prestashop.com) y Shopify (www.shopify.com).*
- *Piensa en los* partners*, en la logística...*
- *Esto no es darle a un interruptor y dispararse las visitas y las ventas. No llegarán los pedidos como churros; no, lo siento. Una plataforma de* e-commerce *necesita entre 12 y 16 meses para posicionarse y tendrás que picar mucha piedra para promocionar tu tienda: redes sociales,* newsletters*...*
- *Tendrás que hacer una monitorización brutal.*

MÉTRICAS PARA GARANTIZAR QUE TU *E-COMMERCE* SEA UN ÉXITO

- *Cuáles son los productos más vendidos.*
- *Cuáles son las rutas de entrada de esos productos, a través de qué canales nos llegan.*
- *Por qué los clientes potenciales abandonan el carro de la compra a medias. Hay que analizarlo bien porque un carro abandonado implica que tu cliente desea lo que quiere, estaba a punto de comprarlo, pero, de golpe, se ha parado. ¿Por qué? ¿Qué le ha faltado? ¿Quizás los trámites son demasiado complicados o le pides demasiada información? ¿Quizás no le generas suficiente confianza, o no le estás dando suficientes opciones de pago? Piensa que, además del Paypal y del número de cuenta corriente, puedes instalar un TPV, que es como el datáfono de la visa pero en versión* online.

¡Ey, piensa que tienes otras maneras de ganar dinero con una web! Mira, puedes incorporar publicidad (pero que no sea demasiado agresiva, porque eso genera rechazo) o recomendar productos de afiliados a cambio de una comisión, o hacer *drop-shipping* (el cliente ve un producto de interés en tu web, lo compra, tú pasas el pedido a un proveedor y este es quien se lo envía directamente al cliente).

BOLETÍN ELECTRÓNICO

Soy una evangelista del *e-mail marketing*. ¡Para mí, es la madre del cordero! Mucho más prioritario que las redes sociales. No te supone trabajo extra, sino que se trata de reciclar los contenidos que ya has colgado en la web. Y tiene un montón de ventajas más, como por ejemplo que influye en la compra de entre un 19 y un 25 % de los seguidores —triunfa junto con las opiniones en internet—, mientras que Facebook tiene un peso de decisión de compra de entre un 12 y un 15 % y los anuncios *online* de un 10 o un 11 %.

Ahora que tu negocio empieza, te recomiendo herramientas como Mailchimp (www.mailchimp.com). Es gratuito hasta 2.000 destinatarios y te permite hacer envíos con plantillas prediseñadas muy chulas, programar los envíos, segmentar las listas de destinatarios (puedes diferenciar, por ejemplo, la comunicación que tendrás con compradores y compradores potenciales), cumplir con todas las cuestiones legales de protección de datos y obtener estadísticas de tooodo esto de manera muy detallada, hasta el punto de conocer con nombres y apellidos al lector más activo. Yo empecé así, pero, con los años, me he pasado a Mailrelay (www.mailrelay.com) porque tiene traducción al español, una atención al cliente buenísima y unas tarifas muy competitivas. Escoge la plataforma con la que te sientas más cómod@.

Déjame darte algunos consejos para cuando trabajes tu boletín electrónico:

- *Envíalo como mínimo una vez al mes. Serás más productivo si lo haces coincidiendo con la actualización periódica de tu web.*
- *Tanto para los asuntos de los* mailings *como en los titulares de los* posts, *escribe frases que llamen la atención. Cortas, atractivas y con llamadas a la acción.*

  Es muuucho mejor poner de asunto «Tenemos que hablar» que «Newsletter núm. 102».

- *Pon un remitente con nombre de persona, no de marca. Por ejemplo, si mi empresa fuera Bimbo, yo pondría como remitente «Txell de Bimbo», con la dirección txell@bimbo.es, y no «Bimbo» a secas. Esto humaniza mucho más.*
- *No añadas muchos enlaces diferentes. Pon sólo uno y ve repitiéndolo para generar tráfico hacia tu blog/web.*
- *Puedes personalizar los mensajes automáticamente con las etiquetas de nombre para que tengan un tono más cercano: no es lo mismo recibir un mensaje que diga «¡Hola!» que «¡Hola, Txell!».*

Y para captar más subscriptores, siempre puedes ofrecer un gancho en la web, un regalito. Servirá, sobre todo, para generar confianza y decir: «Mira qué puedo hacer por ti gratis. Imagínate lo que puedes conseguir si me contratas». Y puedes dar, por ejemplo, un libro en formato PDF o un audio descargable.

REDES SOCIALES

No estés en las redes sociales por una cuestión de moda, porque todo el mundo está. Todo depende de dónde esté tu cliente. Haz poco y bien hecho. Y escoge las redes que se adecuen a tu público.

Si tu *target* son mujeres de entre 25 y 45 años y te dedicas al mundo de la cocina, de la arquitectura, del diseño... para ti puede ser clave una red social como Pinterest.

A otro tipo de negocio, en cambio, le dará buenos resultados Twitter.

O incluso hay quien utiliza el Whatsapp con los clientes, porque ha conseguido establecer una relación de mucha confianza. Es el caso de los taxistas que lo usan para tramitar reservas, de veterinarios que lo utilizan para recibir consultas... De hecho, ¿te imaginas hacer una encuesta o un grupo de discusión por Whatsapp? ¿O enviar descuentos y promociones especiales? ¿O hacer seguimiento de pedidos, atención al cliente...? Si quieres que la cosa no se desmadre, siempre puedes poner el horario de atención al cliente en el estatus. ¡Piensa que con Whatsapp incluso puedes enviar mensajes de voz! (Yo lo hago con el equipo.) Por otro lado, también debes tener en cuenta que hay a quien le puede incomodar tanta proximidad. Valóralo en cada caso en función del cliente.

Sea como sea, no las utilices como un juego, sino como una herramienta estratégica para tu negocio, esperando un retorno.

Con la estadística de Twitter, de Facebook... sabrás cuál es la mejor hora para publicar según tu audiencia.

Además —y ahora te diré una cosa que vale su peso en oro—: **¿qué valor tiene una actualización de Facebook o Twitter si no va acompañada de un enlace?** ¿Cómo convertirás a tus seguidores en clientes si no van a tu web y ven exactamente aquello de lo que les estás hablando?

Dale la importancia justa a la comunicación digital: hay quien peca por defecto, por decir que esto no es importante, cuando en realidad quien no está en internet no existe, y hay quien peca por exceso, hasta convertirse en un esclavo de las redes sociales. Haz que trabajen para ti, haciéndote de altavoz, y no a la inversa. Hay que encontrar el equilibrio entre la estrategia *on* y *offline*.

No gana el que la tiene más larga. Gana quien tiene seguidores más fieles y más similares a tu cliente ideal.

Así pues...

- Pagar anuncios para captar seguidores que después no interactúen es tirar el dinero.
- Organizar concursos para tener contenta a la gente, también. Si lo haces es porque estratégicamente te tiene que interesar y debes obtener un retorno relevante: por ejemplo, puedes hacer una encuesta para conocer aquello

que todavía no sabes de tu cliente, o puedes hacer que mencione a sus amigos en tu foto de Instagram y así captarás nuevos seguidores. ¡Regalar por regalar, sin un objetivo, es un churro!

No te mires el ombligo ni hagas monólogos. Internet pone emisor y receptor al mismo nivel, estableciendo un diálogo de igual a igual.

Si, por ejemplo, tienes 10.000 seguidores en Facebook y sólo hablas tú, es que no has entendido nada. Aquí no venimos a «hablar de mi libro». Aquí venimos a dialogar, a interactuar, a tener una escucha activa... Porque las aportaciones de la gente mejoran tu negocio GRATUITAMENTE, sin necesidad de pagar carísimos estudios de opinión y de mercado, como pasaba antes.

Gracias a las herramientas 2.0 eliminas en un plis el miedo a que tus clientes queden decepcionados, porque podrás darles exactamente lo que necesitan y esperan. Podrás responder a sus expectativas al 150 %.

No lo improvises todo, planifica. Si no, el día que estés inspirado harás cuatro actualizaciones de golpe y saturarás a tus seguidores y, en cambio, otro día te puedes quedar en blanco.

Y no sincronices las redes para publicar simultáneamente. Cada una tiene su propio lenguaje.

MÉTRICAS PARA LAS REDES SOCIALES

Las *fan pages* llevan analítica integrada y Twitter también. Así podrás sacar conclusiones como...

- *¿Cuánto tráfico estoy atrayendo?*
- *¿Cuáles son los principales canales?*
- *¿En qué tengo que currármelo más?*

El tema de las redes sociales me toca muy de cerca, porque ejerzo de gestora de redes sociales e imparto esta materia en la universidad. En los últimos años han salido *community managers* de debajo de las piedras y muchos dominan las herramientas pero no tienen suficiente visión empresarial o habilidades comunicativas. Así que este capítulo te lo escribo desde las entrañas, porque he visto mucha gente invirtiendo pasta en comunicación digital con cero retorno.

CÓMO TENER LAS REDES *UNDER CONTROL*

Siempre digo que en nuestra empresa cumplimos la ley de Pareto: dedicamos un 80 % de la semana a producir y un 20 % a crear. Durante el proceso de creación, que acostumbra a ser los viernes, es cuando preparamos el post semanal del blog y dejamos programadas las redes sociales para toda la semana con herramientas como Hootsuite (www.hootsuite.com) o Buffer (www.bufferapp.com). También aprovechamos para mirar la estadística, tanto de la web como de las redes, y para hacer acciones puntuales, como por ejemplo creación y gestión de:

- Concursos.
- Actos.
- Campañas publicitarias.
- Campañas estratégicas (por ejemplo, de venta cruzada con otras marcas).
- Cambios en el diseño y las imágenes de nuestros perfiles en las redes.

Así, durante el día a día sólo nos tenemos que encargar de:

- Responder a los comentarios de los seguidores.
- Monitorizar la marca y ver qué se está diciendo sobre nosotros.

Integra las redes en el día a día de tu empresa. Es como un chip que tienes que tener integrado ;-)

¿QUIERES IDEAS PARA SACAR MÁS PARTIDO A LAS REDES?

Aquí tienes algunas inspiraciones (si no estás muy habituado a las redes, sáltate este trocito, que quizás te sonará a chino):

- Incluye *hashtags* de las campañas que estés haciendo actualmente en las fotografías de portada (las imágenes horizontales, vaya).
- Mantén la misma imagen gráfica en todas las cuentas, que tenga una coherencia.
- Incluye tuits de clientes incrustados en tu web, como testimonios.
- Enseña las posibilidades del producto, cómo combinarlo, cómo utilizarlo... ¿Vendes ropa? Póntela, muestra diferentes *looks*, haz que otras personas se la prueben y haz fotos...

VENTAJAS DE TENER UN BLOG	
Es tu casa y lo puedes personalizar tanto como quieras.	Facebook, Twitter... no son tuyos. Tienes limitaciones en cuanto al diseño, los contenidos, las normas de privacidad...
VENTAJAS DE TENER UN BOLETÍN ELECTRÓNICO	
Llegas directamente al correo electrónico de la gente, sin tener que esperar que te visiten en la web.	No tienes que luchar contra el algoritmo de Facebook, que hace que no todas las actualizaciones que hagas en la *fan page* (página de empresa) aparezcan en el muro de entrada, donde se encuentra la cascada de noticias.
Dispones de los correos electrónicos de la gente y sabes sus nombres y apellidos, de manera que puedes establecer una comunicación lo más personalizada posible.	Si un día cierran Facebook o Twitter... lo pierdes todo. Los datos no son tuyos y, a menudo, no sabes ni tan siquiera el nombre real de tus seguidores.
PERIODICIDADES (los canales están ordenados por orden de mayor a menor periodicidad)	
Facebook y Twitter	1 actualización de Facebook equivale a 3 de Twitter. Actualiza Facebook como mínimo una vez al día. Twitter... mucho más. Un *twit* tiene una vida útil de 3 horas.
Web	Actualízala cada semana o cada quince días.
Newsletter	Envíala como mínimo una vez al mes; si no, la gente se olvidará de ti.

IDEAS CLAVE

- *Antes no había tanta oferta como ahora. Conocías con detalle a la persona que había al otro lado del mostrador. Pero ahora todo ha cambiado, porque hay sobreoferta. No podemos esperar a que los clientes vengan; tenemos que salir a vender.*

  Un mensaje, sin un canal, no llega. Sin una web, sin hacer ruido... ¿cómo te conocerá, te valorará y te tendrá en cuenta como opción de compra tu cliente potencial?
- *¡Pon ganas, gracia, morro, pasión! Porque, si no comunicas, ¡no pasará nada...! Por eso queremos crear enlaces emocionales para que nos recuerden y empaticen con nosotros.*
- *Haz crecer tu negocio y tu audiencia a la vez.*
- *Pero una cosa detrás de otra, sin estresarte: primero la web, después la* newsletter, *después las redes...*
- *Una web tiene que captar tráfico calificado de clientes potenciales, retener y convertir. Por eso es importante que esté muy optimizada: la página principal, la ficha de producto, el carrito de la compra...*
- *Haz tu web atractiva, inspiradora (¡es clave que tenga buenos contenidos!). Y piensa que lo que no se ve en la web o en la tienda no existe.*
- *Convierte a tus lectores en clientes con formularios, botones de compra, llamadas a la acción...*

* *En cuanto a las redes sociales, céntrate en un canal específico. No dediques tiempo a los canales donde no está tu audiencia.*
* *Cuando hables, hazlo como si cada palabra costara 100 euros. Así te asegurarás de dar valor a lo que dices.*
* *Construir una marca y una reputación requiere tiempo.* Keep calm and enjoy the ride!

PLAN DE ACCIÓN

* *Hay mucho trabajo por hacer. ¡No te desbordes! Un paso detrás de otro. Las prioridades son:* **web** *(en el momento que tienes una web ya puedes empezar a llamar a diferentes puertas y hacer contactos)* → **boletín electrónico** → **redes sociales** *(generalmente, empezando por Facebook).*
* *Prepara con lápiz y papel la estructura de tu web.*
* *Define tu tono. ¿Cómo serás, simpático?, ¿formal?, ¿gamberro?, ¿académico? El tono es taaaaan importante como escoger un nombre, un logo, las imágenes de tus redes sociales... porque quieres ser percibido de una determinada manera y que la gente te identifique rápidamente. Anota los rasgos básicos para ir formando tu libro de estilo. Por ejemplo, si dirás* tú *o* nosotros, *si el nombre de la empresa lo pondrás en mayúsculas o no, si el logo irá así o asá... Estos detalles ayudan a tener una imagen más cuidada y armonizada. Homogeneíza criterios.*

- *Prepara los contenidos fijos (el equipo, la metodología, los servicios...).*
- *No te olvides de humanizar la marca: en el típico espacio de la web del «Quiénes somos» pon la foto del equipo y los enlaces hacia las redes sociales personales. Todo esto aporta valor, da un plus. Y también ayuda a las personas que te contratan a saber cómo trabajas, si dominas el sector, si estás muy relacionado...*
- *Cuando tengas la web activa, deja que tu entorno la pruebe para comprobar que es fácil encontrar las cosas y navegar por ella.*
- *Define el calendario editorial.*
- *Una vez hayas preparado los contenidos, evalúa si son lo bastante buenos:*
  - *¿El mensaje es de calidad?*
  - *¿Te lo leerías si no fuera tuyo?*
  - *¿El diseño es chulo y atractivo para que destaque?*
  - *¿Y el formato (fotos, vídeos, informes...)?*
- *Una vez hayas publicado este contenido, evalúa:*
  - *¿Qué impacto ha conseguido?*
  - *¿A cuántas personas ha llegado?*
  - *¿Ha sido viral y la gente lo ha compartido?*
  - *¿El contenido ha «convertido»? Es decir, ¿has conseguido el objetivo que te habías marcado (X ventas, X descargas...)?*
- *Haz relaciones públicas* online *(subscríbete a blogs, únete a redes, participa en grupos, haz comentarios en blogs y foros, responde a los*

mensajes y las preguntas que te lleguen, resuelve los problemas que pueda tener la gente que te sigue...) y offline *(escribe artículos, asiste a acontecimientos, habla...). Deja claro que estás ahí ojo avizor. ¡Nunca sabes cuándo puedes conocer a una persona influyente que te haga de padrino!* (padrino *en el sentido de «mentor»; no soy partidaria ni del tráfico de influencias ni del amiguismo).*

7. ¡ARGGGGG! ME TOCA SALIR A VENDER

CAJA DE HERRAMIENTAS QUE CONSEGUIRÁS EN ESTE CAPÍTULO

- *Cómo crear tu pirámide de precios y productos.*
- *Cómo fijar precios.*
- *Cómo definir tus objetivos de ventas.*
- *Cómo escoger las estrategias de venta.*

Ahora os hablaré de un tema que no me parece especialmente *sexy*: el dinero y las ventas.

Durante todos estos años he aprendido que no se puede vivir del aire (elemental, querido Watson), que los clientes no te vienen a buscar por muy guapo que seas, que el mundo es muy grande y que tenemos que salir a llamar a las puertas de la gente.

Como profesional independiente, debes ser tu propio comercial y experto en marketing, y no puedes sentirte herido por el rechazo.

En los capítulos que vienen a continuación iremos desgranando cómo fijar precios, cómo salir a vender y cómo reescribir tu relación con el dinero, porque, a veces, tenemos una relación de amor-odio con la pasta como la que tenemos con las suegras.

REPASEMOS TU CATÁLOGO

¿Me enseñas lo que venderás? Mmm... ¡tiene buena pinta!

Una primera recomendación: **no metas todos los huevos en el mismo cesto,** ten fuentes de ingresos diversificadas porque, si no, te lo estarás jugando todo a una sola carta.

> *Por ejemplo, si eres diseñador gráfico, no hagas sólo logos: sé flexible y colabora con programadores web, con imprentas que hagan cartelería y catálogos...*
>
> *Si eres psicólogo y tienes lista de espera, puedes crear grupos de terapia para atender a muchos más pacientes de golpe. E incluso puedes crear programas* online *que la gente pueda seguir a su ritmo desde casa.*

De este modo, con formatos diferentes, ganas en escalabilidad y consigues más potencial de crecimiento para tu negocio y más libertad.

Y, en la medida en que puedas, desarrolla «ingresos de despensa». La palabra *despensa* se convertirá en tu mantra, te enamorarás de ella, porque implica que no tienes que trabajar para generar ingresos. Mola, ¿no?

Se ha acabado aquello de «si no curras, no ganas»; ahora ya tienes derecho a vacaciones, a ponerte enfermo...

Los ingresos activos son el dinero que ganas trabajando activamente, valga la redundancia. Por lo tanto, dependen de ti... ¡y tu día sólo tiene 24 horas! Además, tu impacto es limitado, porque puedes llegar a X clientes al cabo del año. ¿Cómo puedes arreglártelas para generar «ingresos de despensa»? Vendiendo cursos *online* y *ebooks*, plantillas y descargables, recomendando a «marcas amigas» en tu web a cambio de una comisión...

Vende «ingresos de despensa», productos derivados: haz como los grandes chefs, que venden libros de recetas y gestionan el restaurante a la vez.

Con todo esto, ¿qué conseguimos? Hemos diversificado, hemos generado «ingresos de despensa», y, además, estamos construyendo una **pirámide de productos: desde abajo hacia arriba, los clientes siguen un recorrido desde los servicios o productos más baratos hasta los más caros** (quizás en la base tengas incluso productos gratuitos, como el regalo que ofreces cuando tus seguidores se subscriben al boletín electrónico). Tiene forma de pirámide porque en la parte baja están los productos más económicos y puede acceder a ellos un mayor volumen de gente, y el triángulo se estrecha al llegar a los servicios más exclusivos, donde trabajarán directamente contigo.

Determina y diseña tu metodología y toda la oferta de acuerdo con la pirámide de productos.

Con esta diversidad de formatos y precios captas a clientes que entran en tu embudo de ventas y que quizás, de otro modo, no podrían pagar tus servicios.

¿Y qué es un **embudo de ventas**? La tarea de ventas tiene forma de cono: necesitas llegar a mucha gente para que algunos acaben poniéndose en contacto contigo, se conviertan en clientes y repitan la compra. ¿Ves como el embudo se va estrechando a cada tramo? A esto también se le llama *pipeline* y ya ves que lo que hace es trazar los diferentes estadios de venta, conectando marketing y comercialización. La conclusión que sacarás será, por ejemplo, que quizás tendrás que contactar con 1.000 personas para acabar cerrando una venta. **Es importante que cada año te marques unos objetivos económicos y que sepas a cuánta gente tienes que prospectar hasta conseguirlos.**

¿Cómo harás para que las oportunidades cualificadas (es decir, los clientes potenciales guays) lleguen al cierre del embudo de ventas?

¿QUÉ HAY QUE SABER ANTES DE FIJAR PRECIOS?

Antes de hablar de precios, necesitas dar un paso atrás y mirar otras muchas cosas. Apunta, apunta…

INGRESOS

* *¿Cuánto dinero necesitas ganar? Cifra los ingresos netos (con todos los impuestos ya deducidos) mensuales que quieres conseguir.*

GASTOS FIJOS MENSUALES

* *Directos: materias primas que necesitas para fabricar tu producto u ofrecer tu servicio (por ejemplo, si te dedicas a hacer obras, madera, pintura, mano de obra…).*
* *Indirectos: gasto de luz, seguros, gestoría…*

DEDICACIÓN

* *¿Cuántas horas quieres trabajar de media cada semana?*
* *¿Cuántos días de vacaciones quieres tomarte?*

* *¿Cuántas de estas horas dedicarás a trabajos no facturables?*

  Como por ejemplo:

  - *Tareas de facturación, administración y dirección.*
  - *Gestión comercial.*
  - *Relaciones públicas.*
  - *Formación.*
  - *Innovación.*
  - *Descansos, tiempos muertos, desplazamientos.*

LA COMBINACIÓN DE TODOS LOS APARTADOS ANTERIORES TE DARÁ

* *La cifra de facturación que debes conseguir para obtener los ingresos que te has fijado.*
* *El precio/hora «ideal» para conseguir este objetivo (así sabrás tu margen de beneficio).*
* *El precio/hora para cubrir costes.*

Haz estos cálculos para saber cuántos clientes necesitas cada mes para cubrir gastos y ver si tu proyecto es realista.

Imagina que necesitas 5.000 euros mensuales para cubrir tus gastos profesionales y personales, y cobras 500 euros por tu pack *de servicios. Por lo tanto, necesitas 10 clientes nuevos al mes.*

IDEAS CLAVE

- *Los gastos profesionales y los gastos personales van de la mano.*
- *Los costes dan una idea de los objetivos de ventas. Hace falta que tengas unos costes ajustados a tu situación; piensa que los puedes reducir externalizando algunos de los costes fijos o transformándolos en variables.*
- *Hay que tener claro cuánto te cuesta conseguir cada usuario y/o cliente.*
- *Hay que saber los márgenes que obtienes en cada línea de producto.*
- *También tienes que tener contabilizado el dinero que necesitas para tu plan de marketing (lanzamientos, etc.).*
- *La previsión de ventas, el primer año, es muy delicada. Te puedes equivocar, pero te tiene que servir para profesionalizar la gestión.*
- *Un consejo:* **fíjate un sueldo tan pronto como puedas.** *Evidentemente, al principio tienes que cubrir muchos gastos, pero el hecho de asignarte un sueldo te hace tener los pies en el suelo. ¿Qué te puede pasar, si no? Que todos los ingresos vayan a parar a un número de cuenta, y te emociones... sin tener en cuenta que regularmente tienes que pagar autónomos, IVA, agua, luz, gas, teléfono... ¿Ves por dónde voy? Una cosa es cubrir gastos y otra muy diferente es tener, además, un sueldo: ¡necesitas una empresa real!*

  Sergio es programador. Montó la empresa un mes de julio y decidió no asignarse sueldo, porque quería ahorrar 4.000 euros para imprevistos y cubrir los gastos de autónomos y otros. En menos de un año, trabajó tan bien que se pudo fijar un salario. ¿Cómo lo hizo?

- *Se aseguró de tener clientes a tres meses vista.*
- *Automatizó la entrada de clientes a través de la web, optimizándola muy bien, y a través de colaboradores externos que ya tenían una cartera de clientes fija y que actuaban como comerciales.*
- *No se asignó un sueldo fijo, sino un porcentaje en función de las ventas.*

Y piensa que una cosa es lo que *necesitas facturar* y otra lo que *quieres ganar*. Porque... ¿cuánto quieres ganar en realidad? ¿Cuánto necesitas para tener el estilo de vida que quieres (la jornada laboral de no más de 8 horas, la casita en la playa, etc.)?

FIJEMOS LAS TARIFAS

Ahora que ya tienes claro cuánto quieres ganar y cuánto te cuesta sacar adelante tu proyecto (el coste por unidad y los costes asociados), tienes más información para marcar las tarifas. ¡Manos a la obra, pues!

Primero debes tener claro tu posicionamiento de marca como empresa, comprender dónde se sitúa tu negocio: **¿quieres venderte como un producto exclusivo y *premium* o quieres ganarte la vida por volumen de ventas?** Piensa que, si optas por la venta masiva, tendrás que competir por precio y siempre tendrás las de perder frente a grandes marcas como Inditex, por ejemplo, que venden barato, pero que por su volumen tienen un coste de producción mucho más económico del que podrás conseguir tú.

Y piensa que cada precio atrae a un tipo de cliente diferente.

Ojito con Groupon y otras plataformas de descuentos. Atraen a un tipo de cliente que no es el que te conviene, porque es la típica persona que no conseguirás fidelizar, que no da valor a tu producto, sino al precio, a los descuentos y a las promociones constantes.

Fíjate en el precio de la competencia para determinar cómo posicionarte. Y piensa en el precio que está dispuesto a pagar tu cliente según el valor que dé a tu trabajo.

Imagina que eres diseñador de ropa. Ya le puedes explicar al cliente que tu jersey se ha hecho con lana del Tíbet y se ha tejido en luna llena, que a él le parecerá un jersey como cualquier otro y no estará dispuesto a pagar más por él. Que tú le des valor por esas razones no quiere decir que él se lo dé. Explícale lo que necesita oír; si no, no podrás pagar las facturas: que es un tipo de lana que no le provocará alergias ni ningún tipo de reacción en la piel, que es superfácil de lavar y que calienta tanto que ahorrará un montón en calefacción (y eso equivale a energía, dinero...).

El precio es el valor que le da el cliente, no lo que te cuesta a ti.

Y también debes tener claro que ofrecer una experiencia siempre ayuda a aumentar la percepción de valor:

- Exclusividad en el trato: «sólo X personas tendrán acceso al producto».
- Oferta de tiempo limitado: por ejemplo, precios más económicos si te compran con antelación.

¿Cómo es que a veces decimos que no tenemos dinero para pagar un curso de 100 euros pero removemos cielo y tierra para pagar un máster? Porque no les damos el mismo valor y creemos que el título universitario nos solucionará la vida.

Tenemos que encontrar el **umbral de rentabilidad**: ni pérdidas ni ganancias. **Es decir, es importantísimo que cubras costes y que te sientas cómodo con el precio, sin quemarte y sin que el servicio se resienta.** Calcula...

- *¿Cuánto dinero ganan tus clientes gracias a ti? ¿O cuánto dinero se ahorran?*
- *¿Cómo se sienten después de «experimentar» tus productos?*
- *¿Qué han conseguido gracias a ti?*
- *¿Puedes calcular el coste final y el coste emocional para ellos si no invierten en ti?*
- *¿Se adecua todo esto a tu tarifa?*

No te sientas mal por poner un precio relativamente alto. Piensa que más margen de beneficio para ti equivale a una mejora del producto.

Y un consejo: utiliza también todos estos argumentos de cara al cliente. Así cortarás de raíz el regateo (¡tienes que mantener siempre tus precios!) y podrás superar con éxito las objeciones.

¿EN QUÉ MOMENTO PODRÁS SUBIR LAS TARIFAS?

- *Si trabajas muchas horas y vas a tope.*
- *Si tienes clientes pero no tienes suficientes beneficios. Es importante que vigiles las conversiones: si cierras más del 80 % de los presupuestos que presentas, eres demasiado barato.*

¿Y CÓMO HAREMOS PARA JUSTIFICAR ESTE CAMBIO DE TARIFAS?

Contacta con el cliente y explícale todo el trabajo hecho hasta ahora, el progreso que habéis conseguido, para que le dé valor. Seguidamente, exponle la subida de precios. Y explícale qué conseguirá a cambio (¿quizás le darás acceso a un área exclusiva para clientes o un *e-book* que resolverá sus problemas...?). Y dile que, si tiene algún problema con este nuevo precio, siempre le puedes recomendar algún otro proveedor (a pesar de que sería una lástima, ¡con la cantidad de ideas que tenías pensadas para él...!).

EL PROCESO DE VENTA

Imagínate que estás soltero y buscas pareja.

Una de las opciones más habituales para ligar es mirar los fichajes que tienes en el «banquillo»: aquel/la que una vez te tiró los trastos, aquel/la que siempre has encontrado interesante pero con quien las cosas no cuajaron por las circunstancias del momento... Ligar con los fichajes del banquillo es relativamente fácil, porque ya ha habido un contacto previo y sabemos con antelación que las dos partes están interesadas.

Otra opción es ir a la discoteca como un kamikaze y acercarte a hablar con uno/a que ni siquiera sabe quién eres (tú sí que lo/la tienes fichado/a, *of course*). En este caso, el riesgo es bastante más alto. Pero bueno, ¿qué pierdes por intentarlo? El «no» ya lo tienes.

Cuando salimos a vender, la situación es la misma.

Podemos optar por un público objetivo con quien ya hemos tenido un **contacto previo** (venta madura) a través de:

- *La red de contactos de la vida* offline, *de Linkedin...*
- *Recomendaciones fruto de otros negocios de referencia y marketing de afiliación.*
- *Amigos de tus clientes (como hace Thermomix). Tus consumidores actúan como embajadores de la marca.*
- *Subscriptores de la* newsletter.
- Sampling *(muestras y degustaciones).*
- *Contenidos del blog (¡viva el marketing de contenidos!).*
- *Charlas que has hecho.*
- *Libros.*
- *Actos de* networking *y eventos.*
- *Recomendaciones.*

  Con estos ya sabemos que hay química y que les gusta lo que hacemos.

Y después tenemos la opción de **venta a puerta fría**, al estilo del famoso *Avon llama a tu puerta*. Esto ya es otra cosa y tienes que tener la autoestima muy alta, porque puedes recibir muchos nos.

Si optas por esta opción, ¿qué tendrás que hacer?

- *Construir bases de datos segmentadas según los diferentes públicos a los que quieras llegar.*
- *Enviar un correo electrónico.*

- *El asunto es muy importante: capta la atención e indica, por ejemplo, que escribes de parte de un contacto que tenéis en común o que quieres darles nuevas ideas de adquisición de clientes.*
- *Que sea corto, porque hoy en día la gente va escasa de tiempo.*
- *Y con negritas, porque cada vez leemos más en diagonal.*
- *Pon enlaces de tus proyectos y otras evidencias para demostrar lo que vales sin decirlo directamente.*

✱ *Hacer seguimiento con una llamada para comprobar que realmente lo han recibido.*

- *Demuestra que conoces la empresa.*
- *Cierra bien la conversación para que haya un* next step *y quede claro cuándo volveréis a hablar.*
- *También puedes hacer este* follow up *por tierra, mar y aire: agregarlos a Linkedin, mandarles un mensaje privado de Twitter porque quizás lo miran más a menudo que el correo...*

LA CONVERSACIÓN DE CIERRE DE UNA VENTA

Si tenemos dos orejas y una sola boca... es porque tenemos que escuchar el doble de lo que hablamos. Así que escucha mucho y mucho a tu cliente y haz anotaciones para utilizar, después, las mismas palabras que él, a manera de recapitulación. No hay nada mejor que generar conexión, empatía, y demostrar que sabemos lo que necesita. Igual que si haces preguntas del tipo «ideal para tu familia, ¿verdad?» o «¿A que...?»; este tipo de preguntas retóricas ayudan a crear una especie de anclaje mental y a conseguir que el cliente nos dé la razón.

La gente acostumbra a comprar por emoción y no por lógica. Por lo tanto, déjales hablar.

Procura abordar todas las objeciones, todo lo que frena al consumidor a la hora de hacer la compra: ¿el precio?, ¿la falta de tiempo? Tienes que averiguar el motivo real; de hecho, si te dice: «Necesito tiempo para pensar», es un buen momento para preguntarle qué es lo que falla. También tienes la opción de sentarte con el cliente y poner por escrito las razones por las cuales tiene que comprar tu producto o servicio (piensa que, verbalmente, la gente sólo retiene el 25 % de la información).

Finalmente, plantéale los precios. Sí, **no digas el precio hasta el final.** Porque el precio tiene que ser lo menos importante: le tienes que haber dado taaanto valor que eso no cuente.

Y si el cliente insiste en saber el precio a media conversación, dale largas, porque **eres tú quien debe tener controlado el diálogo, eres tú el que tiene que llevar al cliente adonde quiere ir antes incluso de que él lo sepa.** Si consideras que es un cliente agresivo, directo, siempre puedes tentarle y decirle: «Si le digo el precio, ¿comprará?».

Si tienes diferentes precios, primero da el más caro, para situar al cliente, y después el barato. La diferencia entre barato o caro no es que hagas un descuento, sino que tienes los servicios empaquetados de forma que puedes poner o sacar extras (y tú ya sabes que la mayoría de veces cogerán la opción más barata). No permitas que el cliente sepa el coste de tu precio/hora (umbral de rentabilidad).

Siempre que puedas, sigue esta estrategia de ofrecer dos alternativas con precio cerrado para ponerles las cosas fáciles a los clientes. Es como con los exámenes del colegio: cuando nos hacían una pregunta con respuesta abierta nos gustaba mucho menos que cuando nos ponían una prueba tipo test con diferentes posibilidades.

No te desmoralices si recibes un no. La mayoría de ventas se cierran al quinto o sexto intento. Y las objeciones son normalísimas, forman parte del proceso de ventas.

No permitas que, por muy serio que sea el cliente, te baje la moral: estate convencido hasta el final de que te comprará («sí que lo quiere, sí que lo quiere...»).

Y no tengas miedo de pedir una parte del pago por adelantado. Si algún cliente te pone mala cara por eso, señal de que no valora lo bastante tu trabajo y, tarde o temprano, te traerá problemas.

Fíjate en los arquitectos: incluso hacen pagar los presupuestos. Y tienen razón en valorarse: hay presupuestos tan trabajados y personalizados que hay que darles valor. Y no pagas «por el presupuesto», pagas por todo el bagaje y el conocimiento de quien te lo hace, puestos a tu servicio.

También te recomiendo que los pagos no los reclames tú directamente: utiliza un correo electrónico que se llame «facturacion@...», «contabilidad@...» o «administracion@...», desde donde centralices este tipo de conversaciones de tono más serio, para diferenciar roles y evitar ciertos excesos de confianza.

SOY CONSCIENTE DE QUE NO TODO EL MUNDO VALE PARA VENDER

- *Intenta encontrar el canal donde te sientas más cómodo (sea por* mail, *por teléfono...).*
- *Sé natural y tú mismo: no hay nada como la honestidad y ver a una persona real que no te quiere vender humo.*
- *Busca un comercial que colabore contigo, por ejemplo, a comisión.*
- *Capta tantas recomendaciones como puedas, porque esto es un muy buen argumento para convencer a la gente.*
- *Y trabaja el marketing de afiliación.*

LA ATENCIÓN AL CLIENTE: ¡ACTIVEMOS EL FILTRO!

Imagínate que tu negocio es presencial. Recibes a un montón de gente y tienes que gestionar muy bien el tiempo para cerrar ventas tan deprisa como puedas.

O si tienes que dar muestras u ofrecer degustaciones, destínalas a aquellas personas que claramente estén dispuestas a comprar no son para gorrones.

¿Cómo podemos verlos venir? Aquí tienes un protocolo.

PREGUNTAS PARA QUE AVERIGÜES SI TU INTERLOCUTOR ES UN CLIENTE POTENCIAL O NO

* *¿Tiene presupuesto?*
* *¿Tiene autoridad, poder, para tomar la decisión de compra?*
* *¿Tiene una necesidad y urgencia claras para querer lo que tú haces?*

No quieras vender antes de tiempo ni te avances dando precios: tienes que estar seguro al menos en un 70 % de que realmente quieren comprar.

PLAN DE ACCIÓN

Primero, repasemos...

- *¿Cuál es tu umbral de rentabilidad?*
- *¿Tienes un buenos márgenes?*
- *Y los costes, ¿son correctos?*

Ahora elabora un plan comercial. Sí, sé que te dará pereza, pero realmente es importante, hazme caso. Es un auténtico faro.

- **Selecciona los nichos de mercado objetivo:** *¿qué mercados son más competitivos para ti?*
- **Fíjate unos objetivos:**
  - *¿Qué quieres conseguir este año?*
  - *¿Cuánto necesitas vender?*
  - *¿Cuántos clientes tienes que conseguir?*
  - *¿Cuántos visitantes nuevos necesitas en la web? (Recuerda que tienes que poder medir de alguna manera la conversión de visitantes en clientes reales: ¿Cómo sabrás qué gente te ha conocido* online *y después ha venido a tu tienda? ¿Traerán un código impreso? ¿Les harás una encuesta a la llegada?)*
- **Traduce los objetivos en estrategias y tácticas para cada segmento.**
  - *Combina diferentes acciones de marketing para determinar cuáles son las que funcionan mejor, las que atraen más clientes potenciales a la venta.*

- *Cada acción debe tener vinculados unos resultados esperados y una fecha tope.*
- *No hagas acciones que no se puedan medir.*
- *Define con antelación las acciones para los meses con menos ventas.*

* **Planifica los recursos que necesitarás: tiempo, personas y dinero.**

Este inventario te servirá de base para hacer la previsión presupuestaria. Debes intentar calcular cuál será el ROI (retorno de la inversión) de cada acción para saber dónde invertir el dinero.

Objetivos → Estrategias → Acciones → Evaluación

8. EL DINERO NO DA LA FELICIDAD, PERO SÍ LIBERTAD

CAJA DE HERRAMIENTAS QUE CONSEGUIRÁS EN ESTE CAPÍTULO

- *Redefine tu percepción del dinero.*
- *Estudia el balance de resultados para analizar cuáles son las mejores inversiones en cada situación.*
- *Determina tus objetivos financieros.*

Es 1 de enero. Todo el mundo hace listas de buenos propósitos y balance de lo que ha aprendido del año anterior. Yo también aprovecho para trabajar en mi visión para el nuevo año: cómo me gustaría que fuera, como me gustaría sentirme...

Además de salud y amor (¡báááásicos!), pido abundancia y prosperidad para mí y para la gente que me rodea. No grandes riquezas, sino dinero para tener calidad de vida. Incluso cifro mentalmente cuánto quiero conseguir en los próximos meses y cómo lo reinvertiré para seguir haciendo crecer nuestra empresa.

¿Querer dinero es ser materialista? ¿Superficial? ¿Poco generoso?

¡No! Es dar y recibir. Mi trabajo tiene un impacto positivo en la vida de mucha gente.

No recibes si no das: haz ganar algo a la gente, comparte, teniendo en cuenta tu pasión, tu estrella polar.

¿Por qué debería pensar que no me lo merezco? ¿Por qué tendría que ponerme límites yo misma, haciéndolos más y más inaccesibles?

La escritora Marianne Williamson dice: «No hay nada puro o espiritual en la pobreza». Da que pensar, ¿verdad?

Permítete recibir. Porque el dinero en sí no es malo ni sucio. Todo depende de cómo lo gestionemos.

El dinero nació como herramienta de intercambio. Ahora son monedas que se crean D-I-A-R-I-A-MENTE en una fábrica, pero, en lugar de papelitos impresos, podrían haber sido mandarinas, por ejemplo. Por lo tanto, tiene un valor numérico ILIMITADO, y somos nosotros los que le adjudicamos características.

El dinero es un pedazo de papel. ¡No tiene un poder real! Es lo que nosotros acordamos que sea. Es una cuestión mental.

EL MIEDO A NO TENER UN SUELDO FIJO

Muchas veces me piden asesoramiento emprendedores que están montando un negocio, pero que, a la vez, lo compaginan con otro trabajo que no les llena. Se sienten tentados a dejar «el trabajo que paga las facturas» para hacer realidad su sueño.

Si también es tu caso, analiza bien qué necesitas para hacer la transición hacia el trabajo con el que sueñas.

Yo, por ejemplo, no dejé el trabajo fijo para ser 100 % autónoma hasta que tuve una cartera de clientes lo bastante sólida. Fue una cosa progresiva, porque el trabajo con nómina no sólo me daba una estabilidad económica (que es importante, no podemos olvidarlo, puesto que desde la angustia y la necesidad no se tiene la cabeza clara para crear un proyecto), sino que también me permitía crecer y establecer sinergias con mi trabajo como *freelance*. Eso sí: había una estrategia fijada y una fecha tope.

Vaya, que soy la viva imagen de la pirámide de necesidades de Maslow: primero la seguridad y la garantía de supervivencia, y después ya vendrá la realización.

Y no, no todo es de color de rosa:

- Compaginar dos trabajos se traduce en trabajar muchas horas.
- El beneficio no es inmediato y requiere que salgas de tu zona de confort; es un auténtico viaje personal.

Se trata de tener paciencia y voluntad.

IDEAS CLAVE

- *Si puedes, guarda un rinconcito antes de dejar tu trabajo fijo. Y ten una estrategia clara, un plan de transición, para evitar riesgos.*
- *Gestiona bien el tiempo: aprovecha el tiempo libre en lugar de malgastarlo jugando al Candy Crush.*
- *Pide una excedencia en el trabajo o una reducción de jornada, o subcontrata algunas tareas.*
- *Fórmate para estar al 100 % en tu nuevo trabajo.*

* *Y, sobre todo, sobre todo, sobre todo,* **trabaja el miedo a no tener dinero,** *porque, si no, acabarás agotado y no vivirás nunca tranquilo, incluso en los momentos de abundancia.*

El miedo frena nuestra capacidad de decisión.

* *Encuentra la raíz de ese miedo: detecta el patrón negativo, investiga cómo funciona tu cabeza y cómo se originan los pensamientos tóxicos relacionados con la pasta.*

El conocimiento te permite controlar el miedo.

(En el plan de acción del final del capítulo te pondré más «deberes» para trabajarlo.)

IDEAS BÁSICAS SOBRE ESTO DE SER AUTÓNOMO

IVA, IRPF, SL... ¡Ufff!

Repasemos un poco el ABC de esto de ser autónomo. (Además, al final del libro, encontrarás una *check-list* con todas las posibles gestiones administrativas con las que te puedes encontrar... ¡Ármate de paciencia!)

Hace falta que te des de alta como autónomo si, de manera habitual, realizas una actividad económica que te genera beneficios sin tener contrato laboral.

Tienes que darte de alta con el modelo 036 o 037 en Hacienda y con el modelo TA 0521 de la Seguridad Social. Los autónomos tienen que pagar una cuota mínima anual. Investiga, porque hay tarifa plana y bonificaciones a las que quizás te puedas acoger.

Estudia bien si en tu caso te interesa más ser autónomo o tener una sociedad limitada: ser autónomo es más fácil y económico, pero, a la vez, toda la responsabilidad recae sobre ti; si optas por una SL, tienes que buscarle un nombre, preparar los estatutos y escriturarlos ante un notario, y tener como mínimo un socio, entre otros requisitos, pero ganas en imagen, haciendo la empresa más competitiva y fuerte.

Además, según el negocio, puedes necesitar otras cosas. Por ejemplo, si tienes un establecimiento, quizás te hará falta una licencia de apertura (tienes que preparar el proyecto técnico visado, pagar las tasas correspondientes...), o tendrás ir a los organismos de Trabajo para formalizar el libro de visitas y comunicar la apertura.

En cuanto a impuestos, está el Impuesto sobre la **Renta de las Personas Físicas (IRPF),** que puede ir por estimación directa (cuota variable en función de los beneficios) o por módulos (cuota fija). Se trata, por tanto, de un impuesto directo que grava los ingresos. ¿Cómo podemos hacer para pagar menos? Desgravando gastos que estén relacionados con tu negocio y bien justificados: material de oficina, gastos de personal, etc. Guarda todos los *tickets* en una carpeta y ten todos los ingresos y todos los pagos bien anotados.

Y está el **Impuesto sobre el Valor Añadido (IVA),** que hay que declarar trimestralmente con el modelo 033 (¡un rollo patatero!). Hay que pagar la diferencia entre el IVA que soportamos en las facturas de nuestros proveedores y el IVA transferido, o sea, el de las facturas que emitimos nosotros.

CÓMO SOBREVIVE UNA MUJER DE LETRAS PURAS EN EL MUNDO DE LOS NÚMEROS

Con los años te das cuenta de que, aunque no te guste, es básico tener educación financiera. Reconozco que es una cosa que me cuesta muchísimo, por eso intento formarme y rodearme de gente que domina el tema. Hay que entender los números, conocer estrategias de inversión (es la ciencia del dinero que gana dinero) y conocer el funcionamiento de la oferta y la demanda del mercado. También hay que estar mínimamente al corriente de las cuestiones legales (regulaciones, normas...).

¡Ah, se me olvidaba! ¡El sentido común también hace mucha falta!

Te explicaré lo que he aprendido durante estos años de crecimiento continuo de la empresa.

Coge una hoja y divídela en cuatro apartados para obtener un **balance de resultados,** un informe de situación, como una foto instantánea:

INGRESOS	GASTOS
Meten dinero en el bolsillo.	Sacan dinero del bolsillo.
Por ejemplo, el salario.	*Por ejemplo, impuestos, gastos del hogar, de ropa...*
ACTIVOS	**PASIVOS**
Recursos de que dispone una empresa.	Deudas.
Edificios, terrenos, maquinaria...	*Hipotecas, créditos...*

La mayoría de las personas cogen el dinero del salario y se lo gastan principalmente en gastos del día a día, pero también en cosas que les hacen endeudarse, hasta el punto de invertir el 80 % del sueldo en créditos e hipotecas, y entrar en una espiral de estar con el agua al cuello continuamente, como un hámster atrapado en su rueda.

¿Qué hace la gente que domina el tema del dinero? Toma los ingresos y los invierte en activos que revertirán en más ingresos. Crea dinero, no trabaja para conseguirlo y también se preocupa de que sus gastos se mantengan por debajo de sus ingresos.

Es decir, se trata de construir una columna de activos que te haga financieramente independiente, que genere flujo de dinero. E ir reinvirtiendo en esta columna. Así, en un momento de crisis, cuando todo el mundo vende, los más listos compran e invierten, porque los precios son más baratos.

Te pondré un ejemplo concreto de lo que yo creo que NO es una buena inversión hoy en día, en especial si eres un joven emprendedor y no tienes mucha pasta: comprar una casa (y, sobre todo, una casa demasiado cara). ¿Por qué?

- El dinero que inviertes hace que no puedas dedicarlo a otras cosas más productivas, y pierdes tiempo. Evitas, por ejemplo, invertir en educación.
- Y una casa genera más y más gastos (mantenimiento, mobiliario…). Siempre hay fugas de dinero.

Si tu caso es que eres un rácano… piénsatelo bien. Querer ahorrar dinero en exceso te priva de ver otras oportunidades que harían crecer más tu dinero. Hay acciones de poco coste y muy sencillas que te pueden hacer crecer rápidamente. Te las explico a continuación.

PARA CRECER, HACE FALTA REINVERTIR

En una primera fase, te toca trabajar como un jabato y hacer todos los papeles de la obra. Pero llegará un punto en que toparás con un techo de cristal y tendrás que invertir para crecer y ganar más.

No, no te esfuerces por minimizar costes, porque esa no es la solución. Necesitas reinvertir para crecer, para aumentar la producción, para tener más clientes y oportunidades y, en consecuencia, para tener más ingresos.

Reinvierte para escalar el negocio y multiplicar la generación de dinero.

Yo te recomiendo que reinviertas un 20 % de las ganancias en los ámbitos siguientes:

- *Equipo. Si tu fuerte no son las ventas, ¡quizás necesitas un comercial! O quizás eres informático y sólo te puedes dedicar a tres clientes; ¿qué es más inteligente, quedarte* únicamente *con esos tres o coger alguien a media jornada para buscar a otros y, así, no depender tan sólo de esos tres?*
- *Te recomiendo que el equipo vaya anotando las tareas que lleva a cabo para obtener estadísticas de rendimiento y ver dónde hay fugas de productividad.*
- *Formación.*
- *Actualizaciones de* software *y de equipamiento. Quizás necesitas aumentar el alojamiento porque tu web se cae a menudo y eso complica las ventas. O la torre del ordenador está que echa humo.*
- *Mecanismos de control y sistemas. Hace poco hemos invertido en un CRM que se cruza con el programa de facturación y el* mailing *y, así, ganamos mucho tiempo y mejoramos la gestión de ventas.*
- *Mejores proveedores.*
- Branding *para tener una marca memorable: fotos, vídeos, rediseños...*

Si no tienes todo esto cubierto, hay un coste de oportunidad.

PLAN DE ACCIÓN

* *Haz una lista de tus objetivos financieros. Te recomiendo tener a mano:*
  - *Un objetivo de ingresos.*
  - *Un objetivo de ahorro.*
  - *Un objetivo de inversión.*
  - *Y un objetivo para donaciones.*

  ... por este orden de prioridades (¡no puedes dar sin tener!).

* *Pregúntate a ti mismo: «¿Por qué quiero lograr estos objetivos? ¿Cómo me beneficiarán? ¿En qué cambiará mi vida una vez los haya conseguido?». ¿Te das cuenta de las razones que has dado?* **¡Nadie quiere tener dinero por tener dinero! Queremos dinero para que nos ayude a conseguir otras cosas o nos ayude a vivir de una determinada manera. Cada día, mientras estés haciendo una tarea, asegúrate de que lo que haces te acerca a lo que quieres (quizás tener copias impresas de tus objetivos en el espacio donde trabajas te pueda ayudar a focalizarte).**

* *Haz una lista de todas tus cuentas bancarias, cuentas de inversión, cuentas compartidas, préstamos y gastos en tarjetas de crédito (incluso de las que no utilices). Anota los saldos junto a cada cuenta.*

  La información es poder y necesitas saber dónde te encuentras financieramente. Tener mayor prosperidad y construir la vida que quieres empieza con el examen de lo que ya tienes.

* **¿Dispones de suficiente dinero para hacer que tu negocio funcione bien? Si no es el caso… ¿a qué puertas podrías llamar?**
    - *Familia, amigos y conocidos que estén dispuestos a invertir.*
    - *Préstamos bancarios.*
    - Leasing *y* renting *(para maquinaria, vehículos...).*
    - *Subvenciones.*
    - Business angels *o* crowdfunding *(en el vocabulario del final encontrarás las definiciones de estos términos).*
* **¿Cómo llevas la liquidez?** *¿Podrás pagar los gastos sin pasarlas canutas? ¿Puedes hacer que te avancen pagos o retrasar gastos para mejorarla?*
* *Y recuerda que debes prever, por ejemplo,* **posibles situaciones de impago:** *¡cuidado con los morosos!*

Debes tener resuelto el tema de la financiación de la empresa para que no te ocupe el cerebro y te impida crear.

EL DINERO DESDE OTRA PERSPECTIVA

Continúa leyendo sólo si tienes un punto zen; si no, igual esto te parece friki-friki:

- *El dinero está en tu coco. A menudo la abundancia tiene que ver mucho más con la cabeza que con el estado de tu cuenta bancaria. El activo más poderoso que tenemos es nuestra mente.*
- *Cambia los pensamientos negativos que tienes sobre el dinero. Por ejemplo, siempre que pienses cosas del estilo: «Nunca tengo bastante», cámbialo por: «Siempre tengo bastante». O cuando utilices frases victimistas como: «No me lo puedo permitir», cámbialas por frases que te empoderen, como por ejemplo: «Escojo no comprar esto en este momento». Eres un imán para el dinero y te lo tienes que creer... o eso dice la ley de la abundancia (y si tiene tanta fama, no será porque sí...).*
- *Haz una lista de aquellas cosas en que sí tienes abundancia. A menudo, nos centramos tanto en lo que no tenemos que pasamos por alto lo que sí tenemos.*
- *¡Agradece el dinero que te llegue! Cuando mires la cuenta corriente, cuando vayas al cajero... piensa: «¡Gracias! Y espero que venga mucho más». Hay quien incluso lleva una nota de agradecimiento en el monedero.*
- *Tira todo lo que no uses. El arte chino del* fengshui *dice que la manera en que organizamos nuestra casa tiene un enorme impacto en la calidad de nuestras vidas.*

9. DELEGAR Y FORMAR EQUIPOS UNA LECCIÓN DE VIDA

CAJA DE HERRAMIENTAS QUE CONSEGUIRÁS EN ESTE CAPÍTULO

- *Cómo aprender a delegar.*
- *Cómo pasar del* hobby *a la profesionalización.*

Esta noche he tenido un sueño. Compartía una mesa redonda con una mujer multimillonaria, dirigente de una gran empresa. Hablaba bien y me inspiraba. Yo la admiraba y pensaba: «¡Uau, mira hasta dónde ha llegado!». Y la veía brillar, y admiraba su estilo...

Pero, después, conocía a su equipo y era gente apagada, quemada, que no soportaba trabajar más de un año a su lado. Trabajaban en unas oficinas modernísimas, repletas de mensajes de *positive thinking*, pero en las que había cámaras que vigilaban todos los despachos. Y los trabajadores decían que ella no entendía nada del negocio, pero que tenía una familia que le daba dinero a saco y un MBA que le abría muchas puertas.

Este libro no va de eso, quiero que sea la antítesis de este sueño. No, no y no. No seremos multimillonarios, no nos codearemos con famosos, ni tendremos grandes plantillas de personal, no creceremos a cualquier precio, no tendremos una cuenta corriente de escándalo. Pero seremos profesionales conscientes que nos ganaremos bien la vida haciendo lo que nos gusta. Y con una empresa de dimensiones controlables, que no se nos vaya de las manos, se deshumanice y muera de éxito. Con un equipo cohesionado, motivado, que pueda dar su opinión.

> *«El buen perfume se vende en frasco pequeño.» ¡Y con orgullo! Fíjate en Whatsapp: tiene 55 trabajadores y conecta a más de 450 millones de personas en todo el mundo. ¿Cómo lo consigue? Trabajando el valor que aporta.*

Construir una empresa no es una cosa que aprendas en una universidad. Te enseñan tácticas, pero no los sentimientos que se esconden detrás. Porque somos personas, no cifras.

Y porque llevar a un equipo es una gran lección de vida. Una empresa es un ente vivo, y tú evolucionas con ella.

Pero empecemos desde el principio...

¿POR QUÉ HAY QUE FORMAR EQUIPO? ¿POR QUÉ NO PUEDES CONTINUAR TRABAJANDO EN SOLITARIO?

Pues porque hay un techo de cristal. Tú por ti mismo tienes un límite, ya sea en cuanto a crecimiento empresarial, visibilidad o productividad. Necesitas colaboradores internos y externos (con quien establecer relaciones estratégicas como, por ejemplo, ventas cruzadas, marketing de afiliación, *partners*...).

Tener gente contigo te permite, por lo tanto, crecer, crear, innovar... y no solamente estar ocupado haciendo cosas.

Y todavía más: trabajando solo te puedes quemar, y esa es la causa número 1 de muerte de la creatividad. Necesitas aire fresco, nuevos *inputs*, conocimientos e ideas.

Montar un negocio implica trabajo: que si la web, que si la marca, que si crear contenidos para conseguir respuesta de la gente... Hacerlo a solas es muy, muy, muy *heavy*.

¡Y porque no puedes saberlo ni dominarlo todo!

El servicio de gestoría es el primero que subcontraté, el primer gasto que hice después de comprarme un dominio. Imagínate si tenía claro que no podía saber de todo, y es que eso de Hacienda es una auténtica gimcana.

Más razones: ¡porque necesitas vivir! Tienes que poder tomarte unas vacaciones, ponerte enfermo... y en esos casos, si la empresa depende sólo de las horas que trabajas tú, se paran los ingresos.

Tener colaboradores te obliga a pasar cuentas y a cambiar completamente de chip para pensar como un CEO (lo que en inglés viene siendo el director de toda la vida). No se trata de un *hobby*, no estás buscando una solución-apaño-temporal de autoempleo, sino que estás creando una empresa.

Aquí somos superhéroes cotidianos y reales. Con un equipo, como ya te he comentado al principio del libro, vas más deprisa y todo es más enriquecedor.

Eso sí, rodéate de gente que sume: te apoyarán cuando los necesites, serán una fuente de contactos y nuevas oportunidades... Huye de las personas negativas, de aquellas que sólo se quejan y no actúan, de las que no apoyan tus proyectos y sueños. ¿Qué te aportan?

Sobre todo al principio, cuando empieces a desarrollar tu idea, escoge muy bien a quién se la vas a contar primero. ¡Fuera la gente que desinfle tus sueños sin argumentos, porque lo que hacen es contagiarte sus miedos!

EL PROCESO DE FORMAR TU FAMILIA PROFESIONAL

Se trata de formar un equipo paso a paso, a medida que vayas consolidando los servicios que ofreces, los clientes, las tarifas, los resultados...

Yo soy partidaria de **fichar buenas personas, gente con chispa. Porque es mejor tener actitud que aptitudes.** El «cómo» ya lo aprenderán trabajando (imagínate: ¡nunca he pedido un currículum!). Porque la confianza y la química con el equipo no se compran: o hay o no hay. Estoy de acuerdo que una cosa son los amigos y otra los compañeros de trabajo, pero pasamos muchos ratos juntos, y es mucho mejor si la cosa fluye. Además, con gente guay, cualquier marrón es más de color café con leche. Estoy muy a favor de Richard Branson, creador de Virgin, cuando dice que su lema empresarial es: «¡Venga, vamos a divertirnos!».

Además, si tienes a muchos Messis en el equipo puede resultar una pelea de gallos y un juego de egos brutal: **¡las personas normales y corrientes también pueden formar un *dream team* si potencias su talento!**

Eso sí: tengo que decirte que contrato a directivos. Me explico: gente que sienta la empresa como suya y que se responsabilice de ella. Que no espere sólo cobrar. Gente que, si no hay trabajo, lo busque.

Y personas con recursos, solucionadoras. Porque una pequeña gran empresa como la nuestra, que está viva y se adapta a la sociedad, implica que nuestros roles son flexibles y pueden ir evolucionando y creciendo con la empresa. Tatúatelo: **flexibilidad en entornos cambiantes.**

No necesitas una millonada para tener un equipo ni hacerles una nómina desde el minuto cero. Puedes empezar haciendo intercambios de servicios (*win-win*) y después cogerlos para proyectos cerrados, y poco a poco... O bien puedes contratar a una secretaria virtual un par de horas al mes o externalizar tareas administrativas repetitivas que te roban mucho tiempo. Piensa que tu precio/hora probablemente sea más caro que el suyo y que el dinero **no está muy bien invertido si tú te dedicas a hacer fotocopias o facturas...** Tu trabajo es centrarte en cerrar ventas, crear contenidos... sobre todo cuando la empresa ya ha arrancado.

Libera tu tiempo para centrarte en lo que sabes hacer mejor. Tienes que liderar y crear beneficios de acuerdo con tus habilidades y talentos.

¿CÓMO DETECTAR LAS TAREAS QUE PUEDES DELEGAR?

- *Durante una semana, anota todo lo que haces y cuánto tiempo le dedicas a cada cosa. ¿Cuáles son las tareas repetitivas que podrías externalizar?*
- *Delega aquellas tareas que otra persona puede hacer en menos tiempo que tú o que, si asumes tú mismo, pueden representar mucho más gasto.*
- *¿Recuerdas que hemos hablado antes de la pirámide de productos y precios? Te ayudará a saber perfectamente qué servicios delegar.*

A delegar se aprende. Al principio eres un maníaco del control y te crees que, si no se hacen las cosas exactamente como tú quieres, no están bien. ¡Pero eso es mentira! Con el tiempo descubres que tu equipo trabaja igual de bien que tú y que su forma de funcionar quizás es diferente, pero también es válida. Cuando aprendes eso... ¡buuuuuuf! Te quitas un gran peso de encima. Es milagroso. Ahora lo veremos con más calma.

Debemos tener empresas potencialmente franquiciables. Es decir, que todo esté tan protocolizado que podamos montar una sucursal en cualquier lugar del mundo en cualquier momento. Así te asegurarás de que cualquier relevo de personal no suponga un dolor de cabeza –porque todo está escrito paso a paso– y de que no eres imprescindible y la empresa puede funcionar sin ti.

Es importante que pongas por escrito sobre todo los procesos críticos y anotes:

- *Objetivos.*
- *Personas responsables.*
- *Procedimiento.*
- *Referencias (documentos que pueden ser necesarios y dónde encontrarlos, por ejemplo).*

CÓMO SER UN BUEN LÍDER

(OBTÉN EL RECONOCIMIENTO DE TU EQUIPO Y SIÉNTETE BIEN CONTIGO MISMO)

Un líder es alguien a quien admiramos. **Tienes que dar ejemplo** y hacer que tu equipo pueda aprender de ti. No digas que eres «el jefe»: demuéstralo.

- *Delega en función de las aptitudes e intereses que tenga cada persona de tu equipo: qué le gusta, en qué destaca, a qué aspira... y combínalo de manera eficaz para conseguir los objetivos empresariales y los de cada persona.*

- *Y delega bien:*
    - *Antes → Proporciona toda la información necesaria (por ejemplo, explica bien qué aportáis de diferente al mercado) y hazlos partícipes de la misión (adónde queréis llegar, vuestra estrella polar). ¡No po-*

demos ejercer un liderazgo irracional e imprevisible! Recuerda que debes asignarles tareas específicas, factibles y pertinentes, con una fecha de entrega.

- *Durante → Apoya: el líder tiene que saber, querer y poder motivar al equipo; él es el elemento aglutinador, el pegamento del equipo a las duras y a las maduras.*
- *Después → Evalúa los resultados.*

✱ *Tienes que ser la mejor versión de ti mismo: asertivo, proactivo, prudente, educado, generoso, agradecido... Tienes que pedir perdón siempre que haga falta, asumir responsabilidades y dar segundas oportunidades (de hecho, todo esto es tan aplicable al equipo como a los clientes).*

- *Queremos ser líderes «desde abajo», junto a nuestro equipo.*
- *Da poder al equipo.*
- *Pero recuerda que la responsabilidad no se delega. Si, por ejemplo, odias la tecnología, como mínimo debes ser un tecnófobo informado, para poder estudiar estratégicamente qué* software *os conviene más. A partir de ahí, otro ya se encargará de ponerlo en marcha.*
- *Ponte en el lugar de los otros y pregúntales: «¿Qué te parece?, ¿tú qué harías?».*
- *Da la misma importancia a todos los trabajadores.*
- *Crea espacios de opinión y ten en cuenta sus aportaciones.*

- *Crea momentos y espacios de formación contigo.*
- *Premia al equipo.*
- *Establece una comunicación transparente...*
- *... y un funcionamiento interno que también lo sea. Por ejemplo, desarrolla un proceso de promoción claro y justo: queremos promover la cooperación, no la competición. Evita cerrar las puertas del despacho (ciérralas sólo cuando sea absolutamente imprescindible).*
- *Haz las críticas en privado, no ante el resto de compañeros.*
- *No convoques las reuniones siempre en tu despacho (puede parecer intimidatorio). También podéis reuniros en el espacio de los trabajadores, en una cafetería...*
- *No hables con ellos sólo de trabajo, trabajo, trabajo... Tienes que poder preguntar cómo están sus hijos, cómo anda su madre que estaba enferma, si han ganado el partido de este fin de semana... Interés real, para establecer relaciones reales.*
- *Tienes que gestionar el beneficio colectivo, no tu beneficio personal. Tu reto es empoderar a las personas del equipo para que tengan éxito y darles oportunidades.*

✱ *También debes tener en cuenta la proyección exterior, la imagen que proyecta el equipo.*

BATALLITAS DE LA ABUELA

Algunas experiencias que quizás te ayuden...

- Nosotros trabajamos con horarios flexibles que se configura cada trabajador en función de los objetivos que se le han marcado. ¡Porque trabajar más horas no implica trabajar mejor... sino putearnos! A nosotros y al equipo. Y porque quiero conservar al personal mucho tiempo. Y quiero a mi lado gente con una vida plena, más allá del trabajo.

- El talento no tiene territorialidad, por eso tenemos colaboradores por todas partes. Pero hay que mantener al equipo cohesionado, de ahí que periódicamente celebremos reuniones presenciales con los diferentes departamentos. Y, aproximadamente una vez al trimestre, una reunión conjunta de toda la empresa. Como un retiro para ponernos al día, repasar las dificultades con las que nos estamos encontrando, optimizar sistemas y productos, redefinir la marca...

- Siempre que podemos, antes de empezar la reunión de trabajo, comemos juntos, rollo gran familia: que si pizza para Mónica, pasta sin gluten para la peque del equipo, plato vegetariano para Gemma... Las risas mientras comemos no tienen precio y desvanecen cualquier tensión que se haya podido producir por las prisas y el estrés del día a día. **Porque, lo queramos o no, las relaciones laborales también son personales. Porque ante todo somos personas.**

Hoy en día las tareas tienen que salir más deprisa que nunca, hay mucha presión. Ya puestos, que sea con un equipo con quien te encuentres bien.

Todo esto hace que el grupo esté más unido y sea invencible, que «sienta los colores» y que esté orgulloso de trabajar en la empresa.

NO EXISTE LA EMPRESA PERFECTA

Igual que no existen las parejas perfectas.

Cuando tienes un equipo, sabes que habrá opiniones diferentes y puntos de discordia. Aquí es donde se reflejará la filosofía real de tu empresa. ¿Cómo lo resuelves? Tienes dos opciones:

a) Defiendes que «aquí mando yo y se hará lo que yo diga».

b) Intentas ser democrático y escuchar todas las opiniones, apostando por el bien común del equipo.

Siempre habrá opiniones a favor y en contra de lo que hagas. Asúmelo: eso es liderazgo. Y el liderazgo te obliga a salir de tu zona de confort.

¿Cómo lo hago yo?

Hago siempre lo máximo que puedo y acepto que a veces algunas cosas no salen del todo bien.

- Si siempre haces lo máximo, no te puedes sentir culpable de no haberlo dado todo y, a la vez, no superas tu límite, aquel punto en que te perjudicas y dejas de cuidarte a ti mismo.
- Acepto el error (o lo intento). Y esto hace que no me encalle y salga adelante. ¡Nadie nace enseñado!

El único que no se equivoca nunca es el que no hace nada.

La verdad es que todo el mundo debería ser jefe en algún momento de su vida para saber lo complicado que resulta coordinar equipos.

IDEAS CLAVE

- *Como siempre, la seguridad y la confianza en ti mismo son fundamentales. Créete de verdad que eres el líder; si no, tu postura, tu mirada... te delatarán.*
- *Antes que nada, tienes que estar preparado y dominar la materia con la que trabajas. El poder de decisión es del líder (y el equipo tiene que poder confiar en tu criterio).*

PLAN DE ACCIÓN

- *No todos hemos nacido para ser líderes. ¡Y no te sientas mal si no tienes unas ganas locas de estar en primera línea! Para construir una pared, necesitamos gente que haga ladrillos y gente que los ponga en orden.*
- *Sé honesto contigo mismo y escoge: ¿soy pasajero o capitán?*

10. CÓMO HACER MÁS EN MENOS TIEMPO

CAJA DE HERRAMIENTAS QUE CONSEGUIRÁS EN ESTE CAPÍTULO

- *Descubre que no se trata de hacer más, sino de hacerlo mejor. La energía es limitada.*
- *Automatiza y sistematiza para evitar tiempos muertos y conseguir una gestión profesional.*

Escribo este capítulo después de haber hecho una buena sesión de yoga siguiendo un tutorial de Youtube. Era en inglés, así he hecho un 2 x 1. Y en el horno se está cociendo la verdura que cenaremos hoy. Soy la productividad en persona, siempre me lo dice mi chico. Y es verdad que aprovecho el tiempo al máximo.

Una vez, en un taxi, el conductor me soltó: «Chica, ¡deje el móvil!». No estaba jugando (de hecho, no tengo juegos en el móvil). Estaba aprovechando para responder *mails* para así poder apagar el móvil y el ordenador al llegar a casa, como hago siempre (incluso apagamos el *wifi* por el tema de las radiaciones) y dedicar tiempo de calidad a mí y a los míos, con atención plena.

Y no, no me caí en una marmita de energía como Obélix cuando era pequeña, pero intento aprovechar el tiempo al máximo para ganar calidad de vida.

TRUCOS PARA AUMENTAR LA PRODUCTIVIDAD

¿Eres de los que tienen diez pestañas abiertas en el ordenador? ¿O de los que constantemente dejan de trabajar para atender llamadas? ¿O de los que se despistan con el vuelo de una mosca?

¡Pues sigue leyendo! Porque **la productividad y la concentración, igual que la creatividad, son músculos que, a base de ejercitarlos, se vuelven más fuertes.**

- *Cada viernes por la tarde repaso lo que hay que hacer durante la semana siguiente.* Lo hago el viernes porque es un día más *light* y porque, si lo hiciera el lunes por la mañana, seguro que las urgencias y las llamadas no me permitirían planificar con calma. De este modo, organizo y reparto las tareas por días, *fiel a la estrategia y a las prioridades* (pregúntate periódicamente por qué razón haces cada tarea que haces: quizás entonces te des cuenta de que no te aportan nada). Obviamente, siempre salen imprevistos, pero... ¡así es la vida! También intento siempre dejar momentos de tiempo vacío entre reuniones, por si hay posibles urgencias.

¡Cuidado! Recuerda que la máxima prioridad siempre eres TÚ. No te abandones.

- Es recomendable llevar a cabo aquellas tareas más pesadas y/o que menos te gustan, que requieren más concentración, que tienen un retorno económico más rápido... *a primera hora del día*. Es cuando estamos más frescos y concentrados. Y así evitarás procrastinar y tenerlas en la cabeza todo el día.

- *Intento crear sinergias con mi propio trabajo*. Es decir, quizás estoy preparando un material para los alumnos de la universidad que la semana que viene me puede servir para un *post* del blog y que puede ser una lectura interesante para un cliente. ¡Reducir, reutilizar y reciclar!

- *Una cosa es estar muy liado en el trabajo y otra trabajar*. Focalízate en las cosas importantes y que generan ingresos. El resto de tareas, ¡delégalas! **Aplica la ley de Pareto del 20/80: sólo el 20% de tus acciones aporta el 80% de tus beneficios.** La cuestión está en identificar ese 20% y deshacerte del 80% de actividades que no sirven para nada.

  Elimina de tu vida y de tu empresa todo aquello que no aporte valor.

- *Establece rutinas y sistemas* para ser más productivo: «Cada vez que A, haremos B y después C». Por ejemplo:

> - *¿Qué haces cuando consigues un nuevo cliente? ¿En cuánto tiempo le respondes, como máximo? ¿Cómo se le entrega el producto o servicio? Déjalo por escrito.*
> - *Automatiza los objetivos de Google Analytics para recibir un informe cada mes en tu correo electrónico.*

Sistematizando las tareas evitas errores por olvidos y ganas tiempo. Y la verdad es que la velocidad lo cambia todo: si eres más rápido respondiendo a las peticiones de tus clientes, se sentirán más cuidados.

- *Concentra y agrupa las tareas repetitivas* y hazlas de una sola vez para no perder tanto tiempo. Responder correos y redes sociales a primera y a última hora del día te hará ser más productivo. Herramientas como Boomerang (www.boomeranggmail.com) y Hootsuite (www.hootsuite.com) te ayudarán a programar tus correos de Gmail y las actualizaciones en las redes sociales.

  Cuando trabajaba sola, tenía las tareas distribuidas por días, siguiendo este esquema:

* *En el día a día, trabajaba, producía.*
* *Los viernes los dedicaba a acciones de marketing, relaciones públicas, preparar contenidos para blogs y redes...*
* *Y uno o dos días al mes me dedicaba a preparar facturas y el papeleo para el gestor.*
* *A mí siempre, siempre, me funciona lo de concentrar tareas y hacer de golpe todas las que son similares.*

- *Evita las interrupciones*. Agrupa las horas para trabajar de dos en dos y, durante estos bloques de tiempo, olvídate del *e-mail*, del teléfono y de las reuniones.

- *Márcate un horario de inicio y final para cada tarea que realices*. Es decir, imponte fechas tope: el rendimiento será más alto y evitarás prolongar más de la cuenta aquello que estás haciendo. Hay quien mide los bloques de tiempo por teteras de té que se bebe o por piezas musicales y listas de reproducción.

- *Evita el* multitasking: hacer muchas cosas a la vez no te garantiza ser más productivo, pero, en cambio, sí que equivale a mayor tensión. Haz una cosa detrás de otra dedicándole toda tu atención (e intención). Verás que, de golpe, descubres pequeños detalles que hasta ahora te habían pasado desapercibidos, como si vivieras de puntillas.

  La multitarea no es una habilidad del ser humano (sólo un 2 % de la población la tiene). Concéntrate en una sola cosa mientras la estás haciendo y acábala. Y así, una cosa detrás de otra.

- *Aprende a decir «no»*. Tenemos que poder ser sinceros y decir «no» cuando un compromiso no nos apetezca o no nos aporte nada, sin sentirnos culpables; ¡ya tenemos suficientes obligaciones en la vida! Las prioridades las marcas tú, teniendo en cuenta que tu energía de superhéroe cotidiano es limitada.

- *Fíjate un horario y no te pases las noches trabajando*; si no, lo acabarás pagando. Y se resentirá no sólo tu vida privada, sino también tu creatividad, tu materia prima para triunfar. Y cuando digo un horario no quiero decir que sea estricto e inamovible. Nosotros, por ejemplo, hemos tenido que trabajar un par de fines de semana seguidos porque teníamos rodajes con clientes. Pero después nos hemos cogido unos días libres entre semana, haciendo turnos entre nosotros. *Pas de problème!*

- Como siempre, *descansar y alimentarse bien es básico*. Y cuando digo alimentarse quiero decir comer como Dios manda, que las comidas no sean como el «pit stop» de una carrera.

  No es un tópico. Tengo un cliente que, después de trabajar durante toda la noche, se quedó en blanco en una entrevista en la radio. Lo pasó tan mal que creo que ha aprendido la lección para toda la vida.

- También *hay que saber desconectar.* Yo tengo una especie de interruptor para desconectar en seco del trabajo. Antes no me resultaba tan fácil (creo que lo he mejorado gracias a la meditación, que me ayuda a bajar de revoluciones) y lo que hacía era tomarme un «tiempo de descompresión» antes de llegar a casa desde el trabajo. Comprueba qué es lo que te va mejor.

No podemos llegar a las vacaciones casi asfixiados. Nuestro día a día debe incluir «minivacaciones».

- Separa bien la vida personal y la profesional, sobre todo si trabajas desde casa. Marca una distancia física, tanto en cuanto a espacios como en cuanto a ropa.

Te parecerá una chorrada, pero trabajar en pijama debería ser algo puntual; si no, te vas abandonando y no estableces una rutina que te podría ayudar mucho para marcarte horarios. (Yo siempre hago la coña de que, cuando empecé a trabajar desde casa, me ponía una americana para ponerme en situación y recordarme a mí misma que era una tía importante.)

Recuerdo a una amiga mía que, cuando iba a la habitación donde tenía el despacho, cerraba la puerta y ponía música clásica; de este modo, sus hijos sabían que cuando sonaba esa música debían estar en silencio y no interrumpir a su madre.

No te puedo dar una plantilla con un horario porque cada caso es un mundo, y también cada biorritmo. (Y cuidado con el «*jetlag* social» que se puede generar si todo el mundo se aplica aquello de «a quien madruga Dios le ayuda».) Mi vida es diferente cada semana, pero te explico mi rutina a grandes rasgos.

Me gusta levantarme muy temprano, entre las 6 y las 7. Es uno de los momentos más chulos del día: yoga, meditación, desayuno, leer un poco los blogs que me interesan... Recoger y arreglarme.

A partir de aquí, programo las redes sociales de un cliente con quien tenemos que publicar diariamente. De fondo, suena la radio o algún *audiobook*.

Y seguidamente ya me pongo a responder correos, hacer informes, preparar los temas de las conferencias... Lo hago a estas horas porque todavía no suenan los teléfonos ni me interrumpen las urgencias... Sé que puedo ser muy productiva en poco rato.

Las reuniones con clientes siempre intento programarlas para el final de la mañana, así puedo concentrarme bien en el despacho bastante rato.

No siempre me es posible comer en casa, algo que para mí es un auténtico lujo, porque así puedo hacer una pausa de calidad e incluso cerrar los ojos 10 minutos. Si estoy fuera de viaje y no como con clientes ni colaboradores, aprovecho este rato para leer un poco o echarles un vistazo a las redes.

Me encanta cuando tengo conferencias o clases en la universidad por las tardes, porque es cuando la energía creativa ya va de bajada y en el despacho soy menos productiva; el hecho de estar en contacto con gente me espabila.

Si no tengo nada de eso y me toca preparar temarios o escribir, a veces me voy a una cafetería y noto un cierto subidón.

Por la tarde-noche, toca descompresión: encuentros con amigos o un paseo... así me aseguro de dormir bien y de no soñar con el trabajo, como me pasaba antes. Cenar y alguna serie o un poco de lectura para desconectar y a la cama no muy tarde.

Antes de irte a dormir, siempre debes tener la sensación de que lo que has hecho a lo largo del día ha valido la pena. Sentirte orgulloso de ti mismo.

Si no te sientes así... es que algo falla. Cámbialo.

CÓMO TENER MÁS ENERGÍA QUE SUPERMÁN POR LA MAÑANA

Las mañanas son innegociables, caiga quien caiga. No te pongas obligaciones a primera hora, porque eso te hará ir como una moto todo el día.

¡A PRIMERA HORA, TOCA *FUN EXPERIENCE*!

- *Levántate cada día a la misma hora. Tener una rutina te ayuda a ser más productivo. Tienes que averiguar si eres diurno o noctámbulo para intentar encajar el día a día con tu propia naturaleza.*
- *Evita mirar el móvil a primera hora. ¿De verdad hace falta? ¡Es antinatural! Primero tienes que estar bien tú para poder dar a los otros, así que cuídate.*
- *Bebe agua (si es con limón mejor) para poder hidratar el cuerpo después de toda la noche. Te doy un punto extra si le añades ajo o jengibre, lo que activa tus defensas y te hace inmortal.*
- *Es un buen momento para hacer ejercicio, estiramientos...*

- *Desayuna bien y de una forma saludable, que te aporte energía para rendir. No abuses del café.*
- *Aprovecha este momento para hacer algo que te haga sentir bien: leer un libro, escribir... Encararás el día con otra energía.*
- *La noche anterior o a primera hora escribe las cosas importantes que tienes que hacer durante el día, tres objetivos clave que quieras conseguir. Yo por las mañanas también aprovecho para pensar en tres cosas a las cuales doy las gracias.*

Recuerda que esta vida es como un *boomerang*, y todo vuelve.

- *También puede ser un buen momento para meditar. ¿Por qué? Porque aparte de disminuir los niveles de estrés y de ayudarte a rendir más (vacías la mente para volverla a llenar), te hace estar en sintonía y con la mentalidad adecuada para funcionar a lo largo del día. Si no paras nunca la mente, no llegarás a buen puerto, te lo prometo. No es cosa de* hippies*: Google ya lo ha incluido dentro de su plan de empresa.*

HERRAMIENTAS QUE AYUDAN A HACER LA VIDA MÁS FÁCIL

La primera, el **smartphone**. Dentro llevo audiolibros para escuchar mientras voy en coche, grabo audios para el equipo mientras voy andando (tengo grupos de Whatsapp diferentes según los proyectos de la empresa para no agobiarlos a todos), actualizo las redes sociales si hay algo urgente, me pongo alarmas para saber cuándo tengo que ir de una reunión a otra... Me ayuda muchísimo a ganar tiempo.

Tengo todos los avisos silenciados y no recibo notificaciones de redes sociales en el móvil para no agobiarme. ¡Esas cosas nunca son urgentes!

Sí que tengo los titulares de los periódicos para estar al día.

Y el Google Maps, porque siempre voy arriba y abajo.

Una aplicación para comprar billetes de tren *online* y otra para pagar la zona azul.

Y una *app* para enviar postales físicas hechas con fotos mías. Me parece que es un puntazo. Se llama *Correos ecard*.

También soy fiel a las herramientas de Google: ¡el **Gmail** lo tengo amortizadísimo y uso un protocolo de clasificación de los *mails* que ríete tú de la NASA! Te lo explico por si te puede resultar útil:

- Clasifico a los clientes por etiquetas de colores.
- En la bandeja de entrada sólo dejo los correos que no están procesados.
- Marco con estrellas de colores la prioridad con que se deben gestionar.

Incluso tengo instalado el Gmail *offline* en el navegador, por si trabajo desde el tren y no tengo cobertura. Se sincroniza una vez vuelves a tener conexión.

Ya te he comentado que uso Boomerang para programar *mails*, y también tengo instalado Rapportive, para ver automáticamente el perfil de Linkedin del destinatario. Y MailTrack, para saber si la gente ha recibido y leído mi correo.

En **Google Calendar** tengo clasificados los acontecimientos por colores según esté trabajando en Barcelona, Madrid, Valencia... así el equipo me puede gestionar la agenda sin sobresaltos. Siempre organizamos las citas con media hora de flexibilidad por si hay tráfico o necesito hacer un *kit kat*. Lo tengo sincronizado con el móvil.

Vaciar la mente y meter todo lo que tengo que hacer en el GCalendar es mejor que mil terapeutas.

En Google Drive y en Dropbox tenemos los documentos para trabajar con el equipo. Es especialmente interesante un Excel donde todos indicamos lo que estamos haciendo y así obtenemos una visión global de lo que está pasando en la empresa en tiempo real. También los tengo instalados en el *smartphone*.

A menudo, con clientes, trabajamos con Basecamp, Trello o Asana, que son gestores de proyectos.

Mailchimp y MailRelay nos va muy bien para los envíos de *newsletters*.

Y Buffer para la gestión de redes sociales.

Durante años hemos utilizado un Excel como CRM. Ahora estamos desarrollando uno a medida para poderlo cruzar con la facturación y los *mailings*. Pero quizás en tu caso herramientas como Zoho, Insightly o Infusionsoft te puedan ir bien.

OneTab me sirve para no tener mil pestañas abiertas a la vez en el navegador.

PLAN DE ACCIÓN

* *Es importante saber por qué pospones la acción, por qué procrastinas. Analiza la situación y el sentimiento asociado:*
    - *¿Quizás tienes miedo al fracaso porque eres demasiado perfeccionista o te sientes inseguro? ¿O tienes miedo al éxito? ¿O a perder el control? ¿O a alejarte de alguien o acercarte demasiado a cierta gente?*
    - *Cuando hayas detectado el origen de tu procrastinación, podrás evaluarlo y ponerte en marcha. ¿Qué te pasa por la cabeza? ¿Qué te estás diciendo a ti mismo?*

- *Incluso puedes ponerlo por escrito en forma de diario personal, para llegar a identificar el patrón que sigues.*

* *Define objetivos significativos, que desees, realistas, medibles, concretos. Los tienes que imaginar y visualizar claramente. A partir de ahí, prioriza:*

  Paso 1. Lista de todas las tareas que hay que hacer.

  Paso 2. Fragmentar la lista en tres grupos:

  - *Prioridad alta: hay que hacerlo inmediatamente.*
  - *Prioridad media: hay que hacerlo, pero no inmediatamente.*
  - *Prioridad baja: no es esencial, pero te gustaría conseguirlo.*

* *Estudios neurobiológicos han demostrado que un hábito se construye en un proceso de 40 días: a base de repetir una y otra vez una actitud o una actividad, conseguimos reprogramar el cerebro. Así que... ¡aplícate el cuento!*

* *El reloj del móvil puede resultarte útil para cronometrar cuánto rato le estás dedicando a una tarea y, así, medir si te sale a cuenta en función del tiempo que te supone. También puedes encontrar un sistema similar* online *que se llama Tomato Timer (http://tomato-timer.com).*

* *Con el móvil también te puedes poner alarmas con mensajes del tipo «Respira» o frases motivacionales. De hecho, yo pongo mensajes positivos incluso en las contraseñas de los correos electrónicos del equipo: «Fulanito Estás Estupendo».*

11. EL ÉXITO ES COMO UN RESTAURANTE SELF-SERVICE

CAJA DE HERRAMIENTAS QUE CONSEGUIRÁS EN ESTE CAPÍTULO

* *Cómo construir tu propia definición de éxito.*
* *Cómo evaluar si lo estás haciendo bien.*

Escribo este capítulo un domingo por la mañana, soleado, ante un chocolate deshecho (¡mmm...!). Relajada, saboreando cada letra que tecleo... Incluso parece que esté más guapa que en un día laborable y no hace falta ni que me ponga rímel.

- ¿Por qué será que los domingos son más chulos que los miércoles?
- ¿Por qué esta sensación de «paz y vermuts» no la mantenemos el resto de la semana?
- ¿Por qué el lunes por la mañana nos acordamos de todos los santos?
- ¿Por qué se nos hacen cortos los fines de semana y las vacaciones y, en cambio, la semana se nos hace eterna?

Pues porque no tenemos una vida laboral que apoye el estilo de vida que queremos: trabajamos muchas horas, en un lugar cerrado, haciendo trabajos rutinarios y poco creativos, nos sentimos mal pagados... Hablando en plata: **porque el ritmo que llevamos en el trabajo es antinatural y no se adecua a la que sería nuestra vida ideal.**

Le podemos echar la culpa a la crisis, al jefe, a la mala suerte, a la infancia que tuvimos...

En el fondo, son excusas, miedos, creencias... lo que nos limita a llevar la vida que queremos. Siempre estarán ahí. Siempre tendremos aquella vocecita interior tan molesta o a alguien de la familia que te dirá: «¡No te quejes, podrías estar peor!». ¿Por qué nos tenemos que conformar? Yo no te digo que tengas que vivir como un marajá, pero tenemos que poder levantarnos cada día motivados y felices de la vida que llevamos.

¿Qué es el éxito? ¿Qué es la felicidad? Preguntas que suenan típicas y tópicas, pero que esconden toda una filosofía de vida.

Durante muchos años, he creído que el éxito era conseguir lo que quería. Pero eso era como perseguir una utópica zanahoria, porque, por mucho que sumara objetivos conseguidos, no me sentía más llena. Sí, tenía un orgasmo momentáneo, pero, a la larga, continuaba aquel vacío, aquella sensación de que «me falta no sé qué», aquel día tonto que aparecía aparentemente sin motivo en el que me ponía que ni yo misma me aguantaba.

Actividad-actividad-actividad, sin evaluar cómo me sentía realmente por miedo a caer, por miedo a descubrir una tristeza que no fuera capaz de superar o de encontrarme con un yo que no quería ver.

Pero con los años, el éxito me cae mucho mejor y es diferente. Es un éxito pausado, duradero... Y es que ahora éxito no es «hacer», sino «ser» y saborear el momento. El éxito es estar tranquila y saber que todo está bien, porque lo intento hacer todo tan bien como sé. El éxito es poder escuchar el silencio y, con el silencio, mis pensamientos. Porque ya no tengo miedo a estar sola, ya no necesito tener la agenda llena de actividades y de gente que me sirva de apoyo.

El éxito no es la causa de la felicidad, porque detrás de nuestras frustraciones también hay oportunidades de conocernos.

NO ES ÉXITO...

No bases la felicidad y el éxito en tu carrera, porque la vida profesional tiene fecha de caducidad (llámale paro, llámale jubilación). Para mí, el éxito es llegar a casa y que mi pareja me espere con una copa de vino y me diga: «¿Cómo ha ido el día?». El trabajo sólo es una porción de nuestra vida. Grande, sí, pero sólo una parte. Si no tienes con quién compartir las cosas, todo tiene menos sentido y es menos vivo.

No bases el éxito en la prosperidad económica. Los ingresos pueden fluctuar según los meses. Acéptalo y, sobre todo al principio, reduce gastos y lucha por conseguir tener los mínimos cubiertos (comida, salud...).

No te alejes de lo que te gusta, no pierdas la oportunidad de crear. En las grandes empresas pasa a menudo que, cuanto más «arriba» estás, menos oportunidades tienes de hacer el trabajo que realmente te gusta. No te puedes dedicar a crear porque tienes que ir de reunión en reunión todo el santo día. O tienes que estar liderando y gestionando a los que realmente están creando. Vaya un despropósito. No permitas que esto pase en tu propia empresa porque quizás eso de dedicarte sólo a ser jefe no es tu tendencia natural y, sobre todo, porque **tu creatividad es fundamental para poder seguir innovando y aportando valor.** Si eres de esos, llevar el título de «jefe del departamento de no sé qué tontería» no te compensará, porque **un cargo no resume todo lo que eres y tu trabajo no te valida como persona.**

Tener tu propia empresa te permite gozar de autonomía, crear tus propias reglas y dedicarte a aquello en lo que eres bueno.

El éxito no es tener el control. A veces, sin esperártelo, la vida te trae cosas increíbles. Tenemos que estar abiertos al espacio y al tiempo que hay entre los sueños. Además, lo que pasa en el mundo exterior sólo aporta un 10 % de nuestra felicidad.

El otro 90% depende de cómo lo encajamos, y eso es una decisión propia.

Te lo digo yo, una excontroladicta. La planificación niega nuestra capacidad de seguir la corriente, *with the flow* (leer con tono de surfero californiano relajado, cachas, rubiales y tostadito por el sol).

También he descubierto que el éxito no implica sufrimiento intrínseco. Sí que se requiere esfuerzo, constancia, responsabilizarse, hacer horas extras, a veces dormir poco... pero el trabajo no es el centro del universo. ¡Sentido común!

Por más que trabajemos no seremos más felices. ¡Que no nos vendan milongas! La vida como autónoma me ha dado más poder de decisión y me ha descubierto nuevas perspectivas.

La vida tiene que ser hacer lo que queremos y no lo que tenemos que hacer.

La vida tiene que hacer converger sueños y realidad.

El éxito no es ser un icono, ni recibir premios. El éxito no es salir en la tele. El éxito no es tener una empresa megagrande (cuando mi empresa se ha hecho demasiado grande la he redimensionado, porque las medidas pequeñas son más cómodas y fáciles de gestionar).

El éxito no es estar por encima de alguien. No, señor, el éxito no va de mirar de arriba a abajo.

El éxito no requiere estar enganchados al móvil todo el santo día, como si estuviéramos esperando una llamada de Obama. La tecnología debería ayudarnos a ganar tiempo, no robárnoslo. Apuesta por hacer un *detox* digital y apaga el móvil y el *wifi* cuando estés en casa.

SÍ QUE ES ÉXITO...

Éxito es hacer lo que te gusta, y que ayude a construir una sociedad mejor.

Éxito es ser auténtico, sin venderte a cualquier precio. Creer en lo que haces. No quiero que hagas como aquellos políticos que miran las encuestas y, según esto, construyen su programa electoral. Quiero que hagas lo que sientes.

Éxito es saber disfrutar del momento presente.

Éxito es reír y pasártelo bien trabajando.

Éxito es ser generoso y tener la oportunidad de compartir lo que sabemos.

Éxito es cuando tu proyecto toma vida propia, sin que tú resultes indispensable. Si no has visto la película *Begin again*, te la recomiendo muchísimo. El personaje de Keira Knightley es compositora y se da cuenta de que las canciones están realmente vivas cuando el público se las hace suyas y las canta a su manera, aunque no lo hagan como ella había previsto. **Todo lo que «hayas parido» tiene una vida propia. En algún momento tienes que soltarlo.**

Éxito es encontrarle el rollo a esto de ser autónomo y saltar de proyecto en proyecto aprendiendo y creciendo.

¿CÓMO EVALUAR SI LO ESTAMOS HACIENDO BIEN?

Necesitamos fijar unos indicadores para saber el rendimiento de nuestro trabajo. Esto es lo que diferencia a los profesionales de los aficionados. Es lo que en el gremio se denomina KPI.

Por un lado, tenemos que medir el tema pasta, el *retorno de la inversión (ROI)*:

* *¿Cuántas de las reuniones que has tenido, de las propuestas que has entregado... has cerrado?*
* *¿Has hecho una encuesta de satisfacción a cada cliente? ¿Le has preguntado cómo te ha conocido, qué echa de menos, qué mejoraría...?*

Pero eso no es todo. No se tienen que medir sólo los resultados a corto plazo. Piensa en los valores sociales, ambientales... Es el *retorno de la emoción (ROE)*.

En este punto también **hay que tener en cuenta las críticas:** cuando nos convertimos en profesionales, nuestro trabajo se ve expuesto. Estamos abiertos a juicios y opiniones.

No somos de piedra, y es inevitable que las críticas nos hagan daño, sobre todo al principio. Pero nos lo tenemos que tomar de una manera positiva: separa los mensajes provocados por la envidia o el miedo y quédate con aquellas cosas que te puedan aportar valor y hacerte mejorar. **No te lo tomes como una cuestión personal, no dejes que el ego te gane. Y continúa trabajando, fiel a tu esencia.**

Las críticas a menudo son bolsas de basura que los otros lanzan sobre nuestro tejado. ¡Que cada cual recicle su basura!

Tu familia y tus amigos te dirán que eres bueno. **Eso no es una validación real de tu trabajo,** te lo digo con cariño.

NO SEAS INGENUO: TE TOCARÁ SUDAR LA GOTA GORDA

Seguro que has leído en un montón de sitios ideas como «sal de la zona de confort, que todo es fantástico». Sí y no.

La aventura empresarial implica esfuerzo y constancia.

Implica tener mucha disciplina y levantarte más temprano de lo que quisieras.

Y tener que gestionarte muy bien los horarios y dejar de lado, quizás, algunos *hobbies* por falta de tiempo.

Requiere arremangarse y hacer un poco de todo: tienes que estar al día de las tendencias, pensar en nuevos productos, llevar la comunicación, salir a vender... Siempre pensando a medio y largo plazo, puesto que, si tú no te espabilas, nadie lo hará por ti.

Y reinventarte constantemente. Y hacer pruebas y más pruebas.

Te explicaré la historia de Zappos, una zapatería online *fundada a finales de los años noventa. Esta gente montó una web con imágenes de los fabricantes con un botón de «compra ahora» para comprobar si la venta en línea de zapatos tendría éxito. Y... ¡tachán! Esa simple prueba les demostró que sí. ¿Que perdieron dinero vendiendo los primeros pares de zapatos? Sí. ¿Que comprobaron rápidamente si su idea de negocio era viable? También.*

Y, sobre todo sobre todo sobre todo sobre todo, hay que tener la cabeza superbién amueblada y con espacio para no perder la ilusión, ni la paciencia, ni compararte constantemente con los demás.

Además, los principios pueden resultar pesados: resolver trabas administrativas y legales, avanzar sin tener un duro... Hay quien apunta el tema de trabajar solo como una desventaja («en la cumbre hace mucho frío», dicen). Yo encuentro que esto se puede resolver fácilmente yendo a trabajar a un *coworking*, o a una cafetería, o a una biblioteca, haciendo «sesiones de trabajo» con otros emprendedores... Es como cuando estudiábamos: yo era de las que quedaba con amigos para crear «ambiente de concentración». Y, si no, siempre hay mentores, *coachs* y profesionales como yo que nos dedicamos a hacer que este camino no te resulte tan empinado. Pide ayuda y ten voluntad de aprendizaje, incluso de manera autodidacta (¡vivan los tutoriales de Youtube!).

Tampoco seas ingenuo y pienses que encontrarás una idea para hacerte rico sin trabajar: necesitas un modelo de negocio rentable con buenos flujos de ingresos.

Y piensa que no es lo mismo vender productos que vender servicios:

- La desventaja de vender servicios es que no son una cosa palpable y, por lo tanto, la gente puede percibir que vendes humo.
- La desventaja de vender productos es que, si quieres continuar creciendo, necesitas encontrar continuamente fuentes de financiación.

Nadie ha dicho que fuera fácil, esto no es Disneylandia. Todos los proyectos tienen un coste emocional: debes saber si estás dispuesto a pagarlo y llegar hasta el final. Es cansado, pero vale la pena, porque el éxito es tuyo y sólo tuyo, vives de lo que te gusta y aprendes cosas nuevas caaaaada día del mundo.

¿POR QUÉ FRACASAN TANTAS EMPRESAS?

- **Por falta de experiencia empresarial.** *Rodéate de asesores, de mentores... que dominen el tema. Leer este libro ya es un primer paso. Porque esto es como el fútbol o la política: todo el mundo se atreve a opinar, pero cuando eres tú quien lo vive en primera persona es realmente complicado. Y saber de todo (finanzas, compras, venta, producción, contratación y gestión de trabajadores...) es imposible.*
- **Por un mal liderazgo.** *¿Tienes problemas para relacionarte con la gente? Aprende a gestionarlo mejor. ¿Tienes problemas para controlar la ira? Trabájalo.* **Tu carácter puede ser la clave de todo.** *Seguro que tú mismo me podrías poner mil ejemplos de empresarios que han acabado cerrando porque eran bordes con la gente...*

  El desarrollo personal es básico para el éxito de una empresa.

* **Por falta de estrategia.** *No estar enfocados al cliente, no tener un posicionamiento único en el mercado...*
* **Por mala gestión del dinero.** *Cada caso es un mundo (ya os he comentado que yo no necesité inversión inicial porque mi empresa se autofinancia, lo que en inglés se llama* bootstrapping*), pero podríamos apuntar las dificultades siguientes:*
    - *No tener suficiente capital inicial. No subestimes el dinero que necesitarás porque te puedes pillar los dedos (alquiler, autónomos, impuestos, etc.). Calcula los costes de empezar y, también, de mantenerte. Piensa que la mayoría de las empresas tardan entre 1 y 2 años en tener beneficios; esto quiere decir que debes tener suficientes fondos para cubrir todos los gastos hasta que las ventas puedan llegar a pagar estos costes.*
    - *Hacer una mala gestión del inventario.*
    - *Invertir demasiado en activos fijos (locales, maquinaria, derechos de patente, inversiones en compañías...).*
    - *Hacer una mala gestión de los créditos.*
    - *Tener ventas bajas: sé prudente con las previsiones —no sólo a corto plazo— y prevé los problemas potenciales que puedas tener.*
* **Por falta de difusión.** *Si no la haces, ¿cómo te conocerá la gente? ¡Hay mucho ruido allá afuera! Recuerda: ¡diferénciate de la competencia para que no te mate!*

- **Por un crecimiento inesperado.** *O lo que es lo mismo: morir de éxito. Crece despacio, consolidando un paso detrás de otro, muy focalizado. Mide la repercusión que pueda tener cada acción que hagas y valora si estás preparado para darle respuesta, tanto en lo que respecta al personal como a posibles inversiones (por ejemplo, si tienes un pico de visitas a tu web quizás tendrías que ampliar la capacidad de alojamiento).* **Cuando te asegures una base sólida de clientes y un buen flujo de caja será señal de que lo estás haciendo bien y puedes continuar creciendo.**

  No confundas el éxito con la rapidez con que puedes ampliar tu negocio.

IDEAS CLAVE

- *No midas el éxito de tu día a día en función de las cosas que has conseguido tachar de tu lista de tareas. ¡Eres más que un trozo de papel y no valdrás más por hacer más cosas!*
- *Si las cosas no salen como habías planificado... ¡da igual! Tu felicidad no depende de nada externo.*
- *No pierdas tu felicidad, tu gente... ¡tu vida!, por la realización.*
- *Cuando estamos a punto de conseguir un gran hito, aparecen nuevos miedos y nos autosaboteamos. Eres como el capitán de un barco a la*

deriva que, cuando ve la costa, de golpe se encoge y piensa: «Mierda, mierda, mierda... ¿Qué me encontraré ahí? ¿Y si resulta que son caníbales?». Esto de los miedos es como una cebolla, hay que ir pelando capas toda la vida.

PLAN DE ACCIÓN

- *Crea tu propia definición del éxito. No interiorices definiciones de los demás.*
- *Cada día, cuando te vayas a dormir, piensa «¿de qué me siento satisfecho hoy?». Esto será una brújula para que tu día a día tenga coherencia con tu pasión y tu objetivo de vida.*

12. EL PLAN ANTIMARRONES

CAJA DE HERRAMIENTAS QUE CONSEGUIRÁS EN ESTE CAPÍTULO

- *Cómo elaborar un plan anticrisis, para evitarlas o bien para darles una respuesta rápida cuando se produzcan.*
- *Cómo hacer mejoras inmediatas para evitar las crisis.*

El ordenador se ha muerto y la impresora se ha quedado sin tinta.

Una de las trabajadoras lo ha dejado porque se va a vivir a Asia.

Tenemos problemas con un proveedor que se está pasando los plazos de entrega por el forro.

Y tengo la gripe.

Maldito Murphy…

Hay días en que ser emprendedor no mola. Nada. En que te volverías a meter en la cama y te taparías hasta la nariz para olvidarte de todo. En que piensas que quizás hubiera sido mejor tener una vida «normal», con un trabajo «normal», con una nómina miserable y un jefe tocapelotas...

Y entonces te llega el sablazo del IVA, y justo aquel día te das cuenta de que hace un mes que vas con unos horarios absolutamente estrambóticos...

¿Compensa todo esto? ¿Quién me mandaba a mí meterme en este *fregao*? ¿Hacía falta?

Sí, hacía falta. Has llegado hasta aquí porque tú lo has decidido y porque sabes que, en el fondo, te va la marcha. Porque estás aprendiendo lo que no está escrito, porque te encanta lo que haces y porque no sabrías vivir haciendo cada día un trabajo rutinario.

¿Que todo es mejorable? Pues claro. Pero poco a poco.

Tienes dos opciones:

- Ponerte como un loco. Gritar a la gente que tienes alrededor y pegar un buen portazo, como en las películas. El mundo conspira en tu contra.
- Comerte un trozo de chocolate, respirar hondo y rescatar el «plan anticrisis» del fondo del cajón.

Los marrones son inevitables. Lo que cuenta y lo que te hace avanzar es cómo los gestionas.

EL PLAN ANTICRISIS

Necesitamos un plan de contingencia. Una guía para que, cuando todo se escoñe, no nos desesperemos y podamos resolver los problemas tan pronto como sea posible, minimizando su impacto.

1. **Activa sistemas para detectar las cosas que pueden fallar:** haz encuestas a tus proveedores, reuniones de equipo, monitorización de internet...

PREGUNTAS PARA MEJORAR NUESTROS SISTEMAS Y PROCESOS

- *¿Los pasos están organizados siguiendo una secuencia lógica?*
- *¿Hay que añadir algún paso, eliminarlo o reordenarlo?*
- *¿Qué habilidades, equipos y herramientas se requieren en cada fase?*
- *¿Las personas encargadas de cada proceso son las más adecuadas?*
- *¿Se tendrán que mecanizar o automatizar algunos pasos del proceso?*
- *¿En qué fases se pueden producir errores más habitualmente?*
- *¿Cuáles son los pasos críticos? ¿Se pueden medir para buscar propuestas de mejora?*

2. **Haz un mapa de riesgos:** piensa en los posibles pollos que puede haber en tu negocio y haz una lista. Piensa si esto puede afectar de alguna manera a tus clientes o a tus proveedores.

- *Soluciones técnicas: irían relacionadas con la maquinaria y los programas informáticos.*
- *Humanas: podrían ser, por ejemplo, quejas o críticas.*
- *Organizativas: suelen estar relacionadas con la falta de personal o de liquidez (para poder pagar a los proveedores y a las personas que trabajan con nosotros).*

A partir de ahí, deja por escrito qué harás para disminuir o eliminar cada riesgo:

3. **Determina quién formará parte del comité de crisis:** hay que ir deprisa y tener el apoyo de gente que sepa o que te pueda echar una mano. No queremos un montón de personas que debatan y que no lleguen a ninguna conclusión.

4. **Pon en práctica las acciones que sean necesarias.**

5. **Una vez acabada la crisis, recapitula:** ¿qué has aprendido?, ¿qué hace falta cambiar?, ¿qué riesgos puedes evitar de cara al futuro?

LO QUE NO PUEDE CUBRIR NINGÚN PLAN ANTICRISIS

* *Las cosas no siempre saldrán como habías previsto. ¡Pero está bien que sea así! La vida tiene su propio* timing.
* *Nunca tenemos todas las respuestas ni lo podemos saber todo. Por eso tenemos compañeros alrededor.*
* *En vez de culparte a ti mismo por el fracaso («¡Mira que soy burro!») o de culpar a la gente que te rodea, investiga qué sistemas no han funcionado.*

La empatía y la serenidad son básicas en caso de crisis.

LOS BÁSICOS QUE NUNCA FALLAN

* *Haz copias de seguridad de los archivos, los datos, los* mails*, las agendas... y ten duplicados también en versión papel, por si los necesitas justo cuando hay un corte eléctrico.*
* *Ten a mano una lista alternativa de proveedores, por si alguno te falla (por ejemplo, porque se ha ido de vacaciones justo cuando tú tienes un pico de trabajo).*
* *Ten un seguro. ¡No sabes cómo se agradece cuando pasa algo!*
* *Ten un móvil viejo guardado en algún cajón por si el que usas habitualmente se estropea, así como también un* pendrive *o una memoria externa y baterías adicionales. Yo llevo en todos los bolsos.*
* *Es útil tener una batería SAI por si se va la luz o por si hay subidas de tensión.*
* *Ten más de un correo electrónico con proveedores diferentes por si alguna vez hay algún problema técnico.*
* *Recuerda que dar una copia de las llaves a un vecino de confianza nunca está de más. ;-)*
* *Y sobre todo, invierte en tu salud. Porque, cuando eres autónomo y trabajas solo, hay un desastre potencial que ningún otro tipo de negocio tiene: si tú «caes», todo el negocio se para.*

¿Que se me ha muerto el ordenador? Siempre tengo la tableta cargada por si acaso.

¿Que la impresora no tiene tinta? Al lado de casa hacen fotocopias e impresiones.

¿Que Mónica se va a vivir a Asia? ¡Genial! ¡Ya sé dónde iremos de vacaciones! Y podríamos ofrecer su trabajo a Gemma, una alumna muy despierta que tuve en la universidad...

¿Que el proveedor es un lentorro? Le daré un último toque de alerta, explicándole bien-bien-bien cómo me está perjudicando ese retraso. Y, por si acaso, empezaré a buscar otros *partners*...

Y con la gripe, ¿qué? Un plato de sopa y a la cama, Txell.

PLAN DE ACCIÓN

Prepara tu propio plan anticrisis. Piensa que, cuando tú eres el dueño y señor de tu trabajo, la planificación de posibles emergencias toma un nuevo sentido.

¡Uf! ¡Te has ganado una buena sesión de spa!

¿Te das cuenta de todo el trabajo que has hecho?

- *Has creado una marca humana.*
- *Has elaborado tu plan de negocio y de marketing (con acciones, calendario, reparto de tareas e indicadores incluidos).*
- *Has captado la atención del público y lo has enamorado.*

Entra en la web www.libroworkinghappy.com con la contraseña WORKINGHAPPYCONTXELLCOSTA (con mayúsculas) y encontrarás una serie de materiales extra que te pueden ir de coña.

Y ahora ponte guapo/a, que llega el momento de despedirse.

Yo, mientras, iré a buscar un Kleenex. Porque me emociono al ver la currada que te has pegado. ¡Ole tú!

EL MOMENTO DE DESPEDIRSE

Ojalá este libro te haya ayudado a hacer un «clic» y ya hayas dado los primeros pasos para crear tu pequeña gran empresa. Puedes estar muy orgulloso de ti, por la voluntad que has demostrado y por enfrentarte a la vida cara a cara.

Espero que esta lectura te haya aportado una buena dosis de positivismo, lo justo para hacer crecer tus ilusiones de una manera realista, aportándote nociones básicas de gestión empresarial. Para mí ha sido como compartir una supercomida de trabajo, de aquellas con una sobremesa tan divertida que no quieres que se acabe nunca.

Gracias por dejarme acompañarte durante estos ratos. Gracias por dejarme ser tan yo: haciendo bromas, siendo traviesa, exagerando, hablando con anglicismos... y explicándote mi experiencia con total franqueza. No para sentirme superior ni creerme una gurú, ¡Dios me libre!, sino para evitarte algún tropiezo y ayudarte a sacar a la luz este don que tienes. Si conoces a otras personas que necesiten una «bombilla» en su vida, recomiéndales este libro.

Hagas lo que hagas, hazlo desde el corazón. Así, todo irá bien.

Si alguna vez me necesitas, me encontrarás en www.txellcosta.com. Me gustará mucho recibir noticias tuyas.

¡Ah! Quisiera que tuvieras este libro encima de la mesa del despacho, a mano, para consultarlo siempre que te haga falta. No en un estante, no, que allí las ideas se marchitan porque no les da el sol.

Me retiro. Es tu momento. Disfrútalo, porque te lo has ganado.

TXELL

ANEXOS

VOCABULARIO Y HERRAMIENTAS

2.0

Antes del 2.0, la gente se sentaba delante de la tele sin posibilidad de dar su opinión, sin *feedback*. En el 2.0 todo el mundo tiene la posibilidad de ser emisor y receptor.

Alertas de Google

Te serán útiles para monitorizar: te avisan por correo electrónico cada vez que el robot de Google detecta un contenido nuevo en internet sobre ti, o tu marca, o tu competencia... (o cualquier palabra clave de la cual quieras hacer seguimiento).

Alojamiento o *hosting*

Donde se almacena toda la información, las imágenes, los vídeos o el contenido que se sube a una web.

Balance de resultados

Documento en el que haces constar todos los activos (ingresos) y pasivos (gastos) que tiene tu empresa.

Benchmark

Estudio de mercado para conocer y estudiar la competencia.

Blog

Espacio virtual donde se publican artículos. El tono es relajado y, a menudo, contiene opinión.

Bootstrapping

Empezar un proyecto con muy pocos recursos.

Branded content

Generar contenidos vinculados a una marca que permitan conectar con el consumidor, a través de una historia emocional, o divertida, o comprometida, etc., que transmita los valores de la empresa.

Branding o marca

Es aquello que transmites, que desprendes, que la gente recuerda.

Business angel

Aquel que invierte capital en una empresa nueva, participando como accionista y como asesor.

Competencia

Aquellos servicios/productos que cubren las mismas necesidades que lo que tú ofreces.

Conversión

Se produce cuando consigues tu objetivo (por ejemplo, que un lector pase a ser un cliente), cuando el usuario hace una acción determinada.

Copy y *copywriting*

Forma de crear contenidos de manera atractiva para que el usuario realice una acción determinada.

Crowdfunding

Micromecenazgo, pequeñas aportaciones por parte de un colectivo de personas. Normalmente reciben algún tipo de compensación relacionada con el proyecto al que apoyan.

Customer Relationship Management (CRM)

Sistema para hacer seguimiento de tus clientes: cómo han llegado hasta ti, cuándo fue la última vez que te pusiste en contacto con ellos, qué productos o servicios acostumbran a contratar...

DAFO

Análisis que tiene en cuenta las características internas (Debilidades y Fortalezas) y la situación externa (Amenazas y Oportunidades). Acostumbra a reflejarse en forma de cuadrícula.

Dominio

Es el nombre que identifica a tu web.

Drop-shipping

El cliente ve un producto de interés en tu web, lo compra, tú pasas el pedido a un proveedor y este lo envía directamente al cliente.

Economía creativa

Los intangibles como la creatividad generan dinero una vez procesados.

Embudo de ventas o *pipeline*

Hace referencia a las diferentes fases que tiene el proceso de venta. Contactarás con muchas personas pero finalmente serán pocas las que te comprarán.

Engagement

Si nos ponemos en plan romanticón, el *engagement* es un compromiso con anillo. Pero en el ámbito del marketing, es el compromiso que tiene el usuario con tu marca.

Fidelización

Relación larga con un cliente que repite una acción o una compra. ¡Buen rollo!

Follow up

Seguimiento. Hacer seguimiento de las ventas (¡pero sin atosigar a la gente!) es todo un arte.

Google Adwords

Publicidad *online* de pago.

Google Analytics

Herramienta para obtener estadísticas del tráfico de una web. Así sabrás, por ejemplo, de dónde provienen las visitas, cuántas hay, qué otras páginas miran, si se trata de usuarios nuevos o repetidores...

***Key Performance Indicator* (KPI)**
Indicadores para medir cómo se progresa y si las acciones que se desarrollan están dando frutos para conseguir el objetivo marcado.

Leasing
Es una combinación entre alquiler y compra. Una vez finalizado el plazo, puedes optar por prorrogar el contrato, cambiar el producto que habías alquilado por uno nuevo o adquirirlo en propiedad a cambio de un precio por el valor residual.

Lock-in
Adoras tanto a un vendedor, un proveedor... que ya no quieres a ningún otro.

Marketing de afiliación
Acción comercial a través de un afiliado, es decir, una persona que recomienda tu producto o servicio a cambio de una comisión.

Marketing de contenidos
Atraer clientes a tu web mediante buenos contenidos.

Metatags
Código que se incorpora a la cabecera de una página web y que resulta invisible para un visitante normal. Incluyen información (metadatos) sobre la página, como por ejemplo el título, la descripción y las palabras clave, que ayudan a posicionar.

Monitorizar
Analizar todas las acciones para ver si están funcionando o no.

Networking
Ampliar nuestra red de contactos para tener nuevas oportunidades profesionales.

Neuromarketing
Estrategias que apelan a nuestro subconsciente.

Offline
Acciones presenciales.

Premium
Servicio de calidad superior. Normalmente hace referencia a servicios de pago (a diferencia de los servicios básicos gratuitos o *freemium*).

Prescriptor
Persona o empresa que recomienda tu producto.

Renting
Contrato de alquiler a medio plazo que incluye en la cuota los costes de mantenimiento, seguro y reparación, sin opción de compra final.

Responsabilidad Social Corporativa (RSC) o Responsabilidad Social Empresarial (RSE)
Contribución que hacen algunas empresas en el ámbito social, medioambiental... a menudo con el objetivo de mejorar su situación competitiva.

***Return Of Investment* (ROI)**
Retorno de la inversión. Sirve para analizar el rendimiento de la empresa. Compara los beneficios generados con la inversión realizada.

Segmentar
Dividir el mercado en diferentes grupos según sus características.

Storytelling
Dar forma de relato, de historia, a un texto o a unas imágenes, para empatizar más con el lector, hacer que se identifique más con tu marca y que te entienda mejor.

Target
Nuestro público objetivo.

Tasa de conversión (*Conversion Rate Optimization* - CRO)
Número total de conversiones (por ejemplo, ventas) dividido por el número total

de acciones que se han llevado a cabo para conseguirlas (número de visitas a una web).

Upselling

Técnica de venta para que el cliente compre productos más caros.

Usabilidad

En una web, que sea fácil de navegar.

Web dinámica vs. web estática

En una web dinámica crearás contenidos habitualmente; en cambio, en la web estática no hay una actualización periódica.

Whatsapp

Aplicación que permite enviar mensajes de texto y de audio a tus contactos que también tengan esta aplicación. También se pueden enviar imágenes, vídeos, ubicaciones y contactos.

Win-win

Ganar-ganar, es decir, establecer relaciones en que las dos partes salgan beneficiadas.

Wordpress

Gestor de contenidos de código abierto para poder crear tu web o blog.

PLANTILLA PARA ELABORAR UN PLAN DE COMUNICACIÓN Y MARKETING

1. Introducción

Situación inicial. Visión, misión y valores.

2. Objetivo del plan de comunicación

Qué se quiere conseguir, concretándolo con cifras.

3. Posicionamiento

La imagen mental que el consumidor debe tener de la marca.

- Quiénes somos y qué hacemos. En qué somos diferentes, cuál es nuestro valor añadido.
- Los puntos fuertes y débiles.
- Nuestra situación en el mercado, teniendo en cuenta la competencia, los líderes de opinión... Será necesario hacer *benchmark*. La elaboración de un análisis DAFO también puede resultar útil.
- Escoger el mensaje: focalización para crear el posicionamiento que queremos. Cuando conocemos a alguien por primera vez sólo recordará una o dos cosas de nosotros. ¿Cuáles queremos que sean? Destaquemos los beneficios.

4. Determinación de públicos objetivos

- Definir el *target* (público) y segmentarlo.

A quién nos queremos dirigir y qué necesidades tiene (con cada cual tendremos que hacer una comunicación diferente).

Segmentación: más focalización de la acción adaptándonos a las características del público = más receptividad = minimización de la inversión.

5. Acciones de comunicación

- Definir las estrategias y acciones de comunicación y marketing (incluyendo el libro de estilo, el plan de crisis...).

  ¿Qué ámbitos podemos cubrir?

  - Comunicación interna.
  - Imagen corporativa: logotipos, *roll-ups*, firma de correos electrónicos, pósters...
  - Gabinete de prensa: creación de una base de datos de medios de comunicación, emisión de notas de prensa, organización de ruedas de prensa, elaboración de la compilación de prensa...
  - *Online*: creación de una web y mantenimiento, apertura y mantenimiento de las redes sociales...

- Determinar los indicadores de evaluación.

Las acciones se pueden detallar en un cuadro como este:

Acción	*Título de la acción.*
Descripción	*Detalle e información de cómo se tiene que llevar a cabo la acción.*
Responsable	*Quién se encargará de ella: tú mismo, el programador, un becario...*
Priorización	*Baja, media o alta. Puedes usar los colores del semáforo.*
Plazo	*Marca el mes en que se debería realizar la acción.*
Presupuesto	*¿Cuánto cuesta? (Por ejemplo, ¿cuánto cuesta una herramienta para programar redes sociales, o mantener una página web, con el alojamiento y los dominios...?)* *¿Cuántas horas invertimos nosotros en cada acción?*
Indicadores	*¿Qué indicadores utilizarás (según el objetivo que quieras conseguir)? Número de visitas, de presupuestos presentados, de facturas emitidas, de seguidores, de apariciones en prensa...*

6. Cronograma

De acuerdo con los plazos que has marcado en el punto 5, a la izquierda se anotan las acciones y a la derecha se marcan en color los meses durante los cuales se desarrollarán.

Por ejemplo, la creación de una web puede durar de enero a marzo, mientras que la actualización de esta web es una tarea que se hará a lo largo de todo el año.

Acción	**2015 01/**	**02**	**03**	**04**	**05**	**06**	**07**	**08**	**09**	**10**	**11**	**12**
Ejemplo: creación de una página web												
Ejemplo: actualización de la página web												

7. Presupuesto

Tomando como base lo que has marcado en las acciones.

PLANTILLA PARA CAPTAR PRESENCIALMENTE SUBSCRIPTORES PARA EL BOLETÍN ELECTRÓNICO

Logo de la empresa

Nombre y apellidos	***Correo electrónico***	***Teléfono***	***¿Quieres inscribirte a nuestro boletín electrónico? sí/no***	***Firma***

[Nombre de la empresa] entiende que, en el momento de rellenar este formulario, el usuario se considera lo bastante informado de las finalidades de la recogida de sus datos personales y de las finalidades del tratamiento que se derivará de esta recogida. El usuario autoriza con este acto a *[Nombre de la empresa]* a tratar los datos para las finalidades expresadas en cada caso y, por lo tanto, la autoriza a incorporar estos datos a sus ficheros o a tratarlos de acuerdo con lo que se establece en la Ley Orgánica 15/1999, de 13 de diciembre, de protección de datos de carácter personal (LOPDP). El usuario que facilita datos de carácter personal a *[Nombre de la empresa]* puede ejercer sus derechos de acceso, rectificación, cancelación y oposición, de acuerdo con lo que establece la LOPDP, dirigiéndose de cualquier manera o por cualquier medio a esta empresa.

GUÍA PARA ESCRIBIR UN *POST*

Introducción

- Sitúa al lector para que sepa de qué hablarás, qué es lo que quieres comunicar en este artículo.
- Utiliza historias y ejemplos ilustrativos.

Las cosas claras y el chocolate espeso

- Explica por qué es importante este tema para tu lector, cómo le afecta personalmente.

Solución

- Explica la solución.
- Haz digerible la información: con imágenes, con destacados, enumerando la información con puntos...

Ejemplos y evidencias

- Utiliza historias (si son personales, cuajarán mejor).

Conclusión y llamada a la acción

- Detalla cuál es el siguiente paso para que la gente pase a la acción. Recuerda que estás buscando la conversión.
- E incentívalos para que te dejen comentarios en el blog, compartan el *post* en redes sociales, etc.

MODELO DE NOTA DE PRENSA

- Envía la nota de prensa con copia oculta a los medios en formato Word y PDF adjunto. Engancha el contenido de la nota de prensa también en el cuerpo del *mail*, con una breve introducción previa.
- Pon el titular en el asunto del mail, así: «NP: *Titular*»
- Adjunta fotos.
- Haz una llamada de refuerzo para comprobar que el medio la ha recibido.

Esta es una base para una nota de prensa:

Antetítulo Prevé vender xxxxx

Titular La empresa aragonesa xxxx inventa un nuevo xxx

(El adjetivo aragonesa *se puede cambiar, por ejemplo, por* zaragozana*, o* de Cariñena... *según el área territorial de los destinatarios de la nota de prensa.)*

Desde este mes la ciudad X tiene una nueva empresa dedicada a xxx. Se trata de la primera compañía que hace xxxx, y destaca por xxx.

Según su impulsor, xxxx, el objetivo de la empresa X es «xxxxx». El perfil de sus clientes es xxxxx.

En palabras de xxxxx, los productos estrella son xxxxx, pensados para xxxxx.

Con este proyecto la empresa prevé vender xxxxx.

Para más información y declaraciones, se puede contactar con xxxxx.

Ciudad, fecha

MODELO DE PATROCINIO

Portada corporativa

Agenda

Patrocinio - condiciones generales

Por ejemplo, la aportación mínima mensual.

Objetivo del contrato de esponsorización

Cómo apoya a la misión.

Cifra total de esponsorización

Argumentos por los que colaborar como patrocinadores

Ejemplos:

- Porque es una herramienta de comunicación muy poderosa.
- Porque la audiencia tiene una actitud abierta y receptiva gracias al elevado grado de implicación emocional de un acontecimiento.
- Porque el ámbito publicitario está muy saturado, pero, en cambio, con el patrocinio es más sencillo conseguir el posicionamiento de marca deseado, además de facilitar la segmentación de públicos.
- Porque un acontecimiento genera posibilidades de *networking*.
- Porque el retorno en cuanto a marca, relaciones y promoción es muy elevado.

Contraprestaciones

- Especifica todos los detalles del acuerdo: responsabilidades, obligaciones, expectativas monetarias...
- Enumera las consecuencias y las repercusiones que tendrá para cada parte el hecho de que el contrato se rompa o el acuerdo no se cumpla.

Ejemplo de contraprestaciones:

- *Derecho a 10* tickets *para el cóctel, para que puedan invitar a los clientes preferentes, a los delegados, a los directivos de la compañía, etc.*
- *Aparición de su logotipo en todos los materiales gráficos que se elaboren en general y en particular en los folletos.*
- *Aparición de su logotipo en todos los anuncios que se publiquen, tanto en prensa diaria como en prensa especializada, en función de los medios disponibles.*
- *Aparición como patrocinador en la web de este acto. Cada logotipo de patrocinador tendrá un enlace a su propia web.*
- *A todos los patrocinadores se los entregará un USB con las fotografías más significativas del acto, así como un vídeo resumen del acto.*

Mapa de colocación de los logotipos (según el importe de participación)

Fecha y firmas

Importante

Utiliza la papelería corporativa y haz muy evidente el contacto.

CHECK-LIST DE TRÁMITES ADMINISTRATIVOS

1. Trámites en el Ayuntamiento.

Solicitud de licencia de obras.
Solicitud de licencia de apertura.
Alta de otros impuestos.

2. ¿Conoces qué trámites fiscales tienes que hacer en Hacienda?

Alta del Impuesto de Actividades Económicas (IAE).
Alta en el censo de etiquetas y opciones de IVA.
Declaración previa al inicio de la actividad.
Adscripción a la estimación objetiva por módulos.
Adscripción a la estimación objetiva por coeficientes.
Adscripción a la estimación directa.

3. ¿Conoces qué trámites laborales tienes que realizar?

Formalización de los contratos de trabajo.
Inscripción de la empresa en la Seguridad Social.
Inscripción en el régimen especial de autónomos.
Declaración de apertura del centro de trabajo.
Adquirir y sellar los libros de visitas y matrícula.
Confección de un calendario laboral.

4. Otros trámites.

Alquiler del local.
Compra del local.
Inscripción en el Registro industrial.
Inscripción en el Registro de la propiedad industrial.
Solicitud de nombre comercial.

5. ¿Necesitas algún tipo de permiso, licencia y obligaciones de registro?

6. ¿Necesitarás seguros?

CALCULADORA DE COSTES PARA INICIAR TU NEGOCIO

Para poner en marcha el negocio

1. Precio de compra o pago inicial si compras la empresa, pagas el traspaso...
2. Muebles.
3. Ordenadores y *software*.
4. Mano de obra de informáticos, fontaneros...
5. Tarjetas de visita, papelería y rotulación.
6. Decoración y remodelación.
7. Instalaciones, contadores, equipos...
8. *Stock* inicial e inventario de materias primas.
9. Impuestos, licencias y permisos.
10. Honorarios de abogados, gestores...
11. Publicidad y promoción para la apertura.
12. Alquiler y fianza.
13. Otros.

Gastos mensuales

1. Sueldo del propietario-gerente (lo que te hace falta para pagarte a ti mismo).
2. Todos los otros salarios, sueldos y comisiones.
3. Impuestos sobre la nómina o impuestos por cuenta propia.
4. Renta.
5. Los pagos de arrendamiento de equipos.
6. Publicidad (impresos, audiovisuales e internet).
7. Gastos de envío.
8. Suministros (tinta, tóner, etiquetas, productos de papel, etc.).
9. Teléfono y conexión a internet.
10. Alojamiento de la web, mantenimiento y dominios.
11. Seguros: de negocio, de los vehículos, de salud...
12. Préstamos y tarjetas de crédito.
13. Renovación del *stock*.
14. Honorarios de abogados, gestores...
15. Otros.

Calcula cuántos meses tardarás en tener una cartera de clientes que te genere ingresos periódicos.

AGRADECIMIENTOS

Gracias al montón de lectores que habéis colaborado a través de las redes sociales durante la elaboración del libro: gracias por las ideas para el título, para los capítulos... ¡espero haber interpretado correctamente lo que necesitabais!

A Andrea Vicens, porque envuelve de energía y dulzura cualquier proyecto.

Muchísimas gracias a los amigos y a la familia (la mía y la política) por estar ahí cada día y por ser incondicionalmente mis maestros y mi apoyo.

A cada uno de los miembros y colaboradores del equipo de Txell Costa & Co. por formar parte de esta aventura y sentirla como vuestra.

A Isabel Monsó y Enric Viladot por confiar en mí desde el primer momento. A Julia, por hacer de altavoz. Y a todo el equipo de Ediciones Invisibles por hacer este sueño tan real y tan fácil (¡un achuchón para el perro!).

Y a mis dos enormes faros de luz, porque nunca podré devolveros todo lo que me habéis dado.

A papá, por su sabiduría infinita, sus abrazos de oso, su buen humor, su temple, por enseñarme desde pequeña la importancia de las palabras y la voz.

Y a mamá, por su generosidad, su buen gusto, su valentía, su constancia. Sus llamadas con un «descansa» y sus platos de sopa que arreglan el mundo.

Vuestro amor es energía pura para soñar en grande. Os quiero.

Y gracias a la Vida. Por dármelo TODO.